기도하라

모든 기도가 응답받을 것처럼

기도하라
모든 기도가 응답받을 것처럼

저자 E. M. 바운즈
역자 임종원

초판 1쇄 발행 2023. 2. 21.

발행처 도서출판 브니엘
발행인 권혁선

책임편집 김지연
책임교정 조은경

등록번호 서울 제2006-50호
등록일자 2006. 9. 11.

서울특별시 송파구 백제고분로28길 25 B101호 (05590)
마케팅부 02)421-3436
편집부 02)421-3487
팩시밀리 02)421-3438

ISBN 979-11-90308-94-6 03230

독자의견 02)421-3487
이메일 editorkhs@empal.com

북카페 주소 cafe.naver.com/penielpub.cafe
인스타그램 @peniel_books

도서출판 브니엘은 독자들의 원고를 설레는 마음으로 기다리고 있습니다.
위의 이메일로 간단한 기획 내용 및 원고, 연락처 등을 보내주십시오.

도서출판 브니엘은 갓구운 빵처럼 항상 신선한 책만을 고집합니다.

기도하라
모든 기도가 응답받을 것처럼

E. M. 바운즈 지음 | 임종원 옮김

브니엘

기도는 그리스도인의 삶에서 가장 본질적인 요소이다. 그리스도인의 생명력을 좌우하는 것이며, 그 생명력을 보여주는 증거이자 본보기다. 우리가 어떻게 기도하느냐에 따라, 그러니까 어떤 기도생활을 영위하느냐에 따라 우리의 삶이 확연히 달라진다. 기도에 우리의 생사화복이 결정된다. 사느냐 죽느냐가 달려 있다. 기도는 영혼의 호흡이기 때문이다.

그런데도 우리 그리스도인들은 대체로 기도에 대해서 잘 알지 못한다. 대부분 제대로 기도하지 못하는 그리스도인의 삶을 사는 것처럼 보인다. 그저 새벽기도회에 열심히 참석하는 것으로, 주일예배나 수요예배에 참석해서 잠시나마 기도하는 것을 위안으로 삼고 만족하려 한다. 아니면 특별한 목적으로 모이는 기도회를 열어서 거기에 참석하는 것으로 기도의 의무와 책임을 다한 것으로 치부한다.

그러나 기도는 그 정도에 머무는 게 아니다. 기도는 생활이다! 기도는 삶이다! 기도는 영혼의 호흡이다! 하나님의 임재 안에 머물면서 그분의 뜻을 깨닫고, 실제로 우리의 일상에서 실천하는 것이며, 우리 편에서 하나님께로 나아가 우리의 필요와 탄원을, 다른 사람들의 아픔과 고통을 해결해 달라고 아뢰고 요청하는 것이다. 그러니까 예수 그리스도를 통해 하나님과 친밀한 교제를 맺는 것이 바로 기도이다.

우리는 그렇게 살아가는 삶을 기도생활이라고 부른다. 이러한 삶은 거저 이루어지는 게 아니다. 무작정 그런 식으로 살아보려고 애쓴다고 해서 자동으로 그렇게 되는 것도 아니다. 무진장 애를 써야 하는 삶의 기술이다. 그렇다고 아무것도 모르고 무식하게 애쓴다고 되는 일도 아니다. 먼저 거기에 필요한 요소들을 잘 알아야 한다. 살아 있는 기도생활을 지속해서 깊이 있게 영위하는 데 필요한 본질적인 요소들이 무엇인지 정확히 파악해야 한다. 그것이 풍성하게 살아 있는 기도생활로 나아가는 지름길이다. 그것이 하나님으로부터 은혜를 내려받는 척도이다.

E. M. 바운즈! 교회 역사상 영성의 거장으로 유명한 저자이다. 특히 기도에 관해서는 그 누구에게도 뒤지지 않는 내공을 쌓은 기도의 선지자이다. 그런 바운즈가 우리에게 친절하고도 상세하게 깊은

영성생활, 더 풍성한 기도생활로 나아가는 표지판을 세워놓고 손짓하고 있다. 믿음이라는 길로 나아오라고, 신뢰라는 길로 나아오라고, 소망이라는 길로 나아오라고, 열정이라는 길로 나아오라고 말이다. 끈질긴 간청이라는 길로, 올바른 성품과 행실이라는 길로 나아오라고 말이다. 파수꾼의 삶을 살라고, 하나님의 말씀을 붙잡으라고, 하나님의 집으로 나아오라고 말이다.

　이러한 표지판을 따라 천천히, 그러나 꾸준히 나아가다 보면 우리는 머지않아 멋진 목적지에 도달해 있을 것이다. 하나씩 차례대로 욕심부리지 않고 걸어가다 보면 하나님께서 우리에게 원하시는 목표지점에 도달해 있을 것이다. 조금씩 포기하지 않고 좇아가다 보면 우리가 그렇게도 원하던 바로 그곳에 도착해 있을 것이다. 그렇다. 이제 주저앉아 있던 몸과 마음을 다시 일으켜 새롭게 발걸음을 떼어 보자! 우리 주님이 원하시는 그곳으로, 우리가 원하던 그곳으로 새 힘을 얻어서 이제 또다시 나아가 보자! 그리하면 새로운 기도생활을 통해 만나는 하나님으로 말미암아 큰 은혜와 기쁨을, 행복과 만족을 누리게 될 것이다.

옮긴이 임종원

C·O·N·T·E·N·T·S
차 례

"그러므로 내가 너희에게 말하노니 무엇이든지 기도하고 구하는 것은
받은 줄로 믿으라. 그리하면 너희에게 그대로 되리라" (막 11:24).

P·a·r·t·01
:
:

더 큰 믿음으로
더 큰 것을 구하고

　　우리가 일상에서 기도를 논의할 때에는 무엇보다 먼저 믿음으로 나아가야 한다. 눈에 보이지 않는 존재와 이야기를 나누려는 사람의 마음속에 가장 먼저 필요한 자질은 믿음이다. 완전히 속수무책인 상황에서 벗어나기 위해서는 믿음의 손을 쭉 뻗어야 한다. 스스로 증명할 수 없는 것에 대해서는 믿음으로 나아가야 한다. 어떤 궁극적인 문제와 관련해서 기도는 단순한 믿음이다. 단지 기도의 자연스럽고도 놀라운 특권을 요청하는 믿음, 기도의 다함 없는 유산을 단단히 붙잡는 믿음 말이다. 참된 경건은 기도의 세계에서와 마찬가지로 믿음의 세계에서도 매우 진실하고 한결같으며 끈질기다. 더구나 믿음으로 기도하지 않는다면 우리의 믿음은 생명력을 잃게 된다.

믿음은 우리를 위해 일하시도록 하나님을 모셔올 뿐만 아니라 하나님께는 불가능한 일이 없어서 불가능을 가능하게 만든다. 아무런 자격이나 제한도 없는 믿음의 능력이 얼마나 놀랍고 위대하단 말인가! 만약 의심이 우리 마음속에서 떠나가고, 불신앙이 우리에게 매우 낯선 존재가 된다면 우리가 하나님께 구하는 것은 분명히 실현될 것이며, "무엇이든지 원하는 대로" 베풀어주실 것이다.

기도는 하나님에게 우리의 믿음을 투영하며, 온 세상에 하나님을 투영시켜준다. 오직 하나님만이 산을 움직일 수 있지만 믿음과 기도는 바로 그 하나님을 움직이게 만든다. 무화과나무를 저주하시면서 우리 주님은 친히 그분의 놀라운 능력을 증명해 보이셨다. 주님은 여기서 한 걸음 더 나아가 믿음과 기도에 커다란 능력을 부여하신다고, 그건 죽이는 게 아니라 살리기 위해서, 망치는 게 아니라 축복하기 위해서라고 선포하셨다.

이 논의를 본격적으로 시작하는 시점에서 주님의 말씀 가운데 하나를 살펴보려고 한다. 왜냐하면 이 말씀이 바로 우리의 믿음과 기도의 초석이기 때문이다.

"그러므로 내가 너희에게 말하노니 무엇이든지 기도하고 구하는 것은 받은 줄로 믿으라. 그리하면 너희에게 그대로 되리라"(막 11:24).

우리는 "받은 줄로 믿으라. 그리하면 너희에게 그대로 되리라"는 말씀을 곰곰이 되새겨 보아야 한다. 여기에서는 생생하게 실현되는 믿음, 구체적으로 사용되는 믿음, 단단히 붙잡는 믿음이 그려지고 있다. 이러한 믿음은 신성한 존재를 명확히 의식하는 것이고, 실질적인 경험으로 그분과 함께 친교를 나누는 것이며, 우리에게 생생히 실현되는 확실성을 드러내는 것이다.

세월이 흘러가면서 우리의 믿음이 성장하고 있는가, 아니면 쇠퇴하고 있는가? 불법이 온 세상에 가득하고 사람들의 사랑이 점차 식어가는 이 시대에 우리의 믿음은 강하고 든든하게 버티고 있는가? 신앙이 단순히 형식적인 것으로 변질되기 쉽고, 세속주의가 점차 온 땅에 만연하는 이때 우리의 믿음은 그 자리를 굳건히 지키고 있는가? 주님의 다음과 같은 질문을 우리 자신에게 던지는 것은 굉장히 타당한 일일 것이다. "그러나 인자가 올 때에 세상에서 믿음을 보겠느냐"(눅 18:8).

우리는 주님이 그런 믿음을 보실 것이라고 믿으며, 오늘날과 같은 시대에도 믿음의 등불을 밝히려고 심지를 깔끔하게 정돈하고 계속해서 타오르고 있는 모습을 우리도 목격하게 될 것으로 믿는다. 마지막 날에 마땅히 다시 오셔야 할 분이 오시지 않거나, 그 일이 너무 일찍 일어나지만 않는다면 말이다.

믿음은 그리스도인의 성품에서 가장 기본적이며, 우리 영혼의 안전을 보장하는 든든한 장치이다. 자기를 부인할 일을 예견하시며 베드로에게 주의를 당부하시는 장면에서 예수님은 이렇게 말씀하셨다.

> "시몬아, 시몬아, 보라. 사탄이 너희를 밀 까부르듯 하려고 요구하였으나 그러나 내가 너를 위하여 네 믿음이 떨어지지 않기를 기도하였노니 너는 돌이킨 후에 네 형제를 굳게 하라"(눅 22:31-32).

우리 주님은 여기서 핵심적인 진리를 선포하셨다. 그분이 경계하시고자 했던 일은 베드로의 믿음이었다. 왜냐하면 우리의 믿음이 떨어질 때 모든 영적인 삶의 토대가 무너질뿐더러 신앙생활의 뼈대가 통째로 흔들린다는 사실을 훤히 꿰뚫고 계셨기 때문이다. 깨어서 주의를 기울여야 했던 것은 바로 베드로의 믿음이었다. 제자의 영혼에서 누려야 할 안녕에 대한 예수님의 염려, 그리고 매우 설득력 있는 기도를 통해 베드로의 믿음을 굳건하게 하기 위한 예수님의 결연함이 얼마나 놀라운가!

베드로후서에 그리스도인의 삶에서 안전을 보장하는 척도로써 은혜 안에서 자라가야 한다고, 또한 그에 따른 합당한 열매를 맺는 삶을 살아야 한다고 강조하는 베드로는 예수님의 당부를 늘 마음에 새기고 있음을 분명히 보여준다.

"이로써 그 보배롭고 지극히 큰 약속을 우리에게 주사 이 약속으로 말미암아 너희가 정욕 때문에 세상에서 썩어질 것을 피하여 신성한 성품에 참여하는 자가 되게 하려 하셨느니라. 그러므로 너희가 더욱 힘써 너희 믿음에 덕을, 덕에 지식을, 지식에 절제를, 절제에 인내를, 인내에 경건을, 경건에 형제 우애를, 형제 우애에 사랑을 더하라. 이런 것이 너희에게 있어 흡족한즉 너희로 우리 주 예수 그리스도를 알기에 게으르지 않고 열매 없는 자가 되지 않게 하려니와 이런 것이 없는 자는 맹인이라 멀리 보지 못하고 그의 옛 죄가 깨끗하게 된 것을 잊었느니라. 그러므로 형제들아 더욱 힘써 너희 부르심과 택하심을 굳게 하라. 너희가 이것을 행한즉 언제든지 실족하지 아니하리라"(벧후 1:4-10).

이처럼 하나님의 성품을 더해가는 과정에서 믿음은 바로 출발점이며, 다른 성령의 은혜를 누리기 위한 기초이다. 믿음은 다른 성품들을 든든히 세워가야 하는 토대이다. 베드로는 독자들에게 단지 믿음에 여러 행실이나 은사나 덕을 덧붙이라고 명령하는 게 아니다. 은혜 안에 자라가는 과정에서 많은 것이 다른 무엇보다 올바른 출발에 달려 있다고 말하는 것이다.

베드로가 늘 경각심을 가지고 마음에 두었던 신성한 하나님의 명령이 있다. 그래서 베드로는 부르심과 택하심을 확실하게 하려면 부지런히 힘써야 한다고 담대히 선포한다. 그러한 택하심은 분명히 믿음에 무엇을 더하는 것으로, 거기에 끊임없이 간절한 기도를 더하면서 온전히 이루어지게 되는 것이다. 이처럼 믿음은 기도로 말미암아 더욱 생생하게 살아 있게 되며, 이렇게 은혜에 은혜를 더하는 과정에서 밟는 조치에는 늘 기도가 뒤따르게 된다.

강력한 기도를 가능하게 만드는 믿음은 강력한 인성에 기초한 믿음이다. 큰일을 행하시는 예수님의 능력을 신뢰하는 믿음은 큰일을 위해 기도하는 믿음이다. 이처럼 나병 환자는 예수님의 능력을 붙잡았다. 그 사람은 소리쳤다. "주여 원하시면 저를 깨끗하게 하실 수 있나이다"(마 8:2, 눅 5:12). 이 경우에 우리는 어떤 일을 행하시는 예수님의 능력에 그 믿음이 얼마나 든든하게 기초해 있는지, 그 믿음이 얼마나 확실하게 치유하는 능력을 붙잡았는지 똑똑히 보게 된다.

예수님이 고쳐 달라고 찾아온 앞 못 보는 사람들에게 던진 질문도 바로 이 점에 관해 명확히 말해준다.

"예수께서 거기에서 떠나가실새 두 맹인이 따라오며 소리 질러 이르되 다윗의 자손이여 우리를 불쌍히 여기소서 하더니 예수께서 집에 들어가시매 맹인들이 그에게 나아오거늘 예수께서 이르시되 내가 능히 이 일 할 줄을 믿느냐. 대답하되 주여 그러하오이다 하니 이에 예수께서 그들의 눈을 만지시며 이르시되 너희 믿음대로 되라 하시니"(마 9:27-29).

예수님이 다음과 같은 엄청난 유언을 남기신 것은 무슨 일이든 할 수 있다고 믿는 그분의 능력을 신뢰하는 믿음을 더욱 강하게 고취시키기 위한 까닭이었다. 결국 이 말씀은 우리의 믿음에 강한 도전을 준다. "예수께서 나아와 말씀하여 이르시되 하늘과 땅의 모든 권세를 내게 주셨으니"(마 28:18).

다시 말하자면 믿음은 순종이다. 앓고 있는 아들을 위하여 예수님께로 나아왔던 고관처럼 믿음이란 명령받은 대로 곧장 순종하는 것이다. 거기에서 한 걸음 더 나아가 믿음은 곧바로 행동하게 만든다. 태어나면서부터 앞을 보지 못했던 사람이 실로암 연못에서 씻으라는 말씀을 들었을 때 믿음은 즉각 거기로 달려가서 씻게 만든다. 게네사렛 바닷가의 베드로처럼 아무런 질문이나 의심 없이 예수님이 명하시는 곳에 즉시 그물을 던지는 게 바로 믿음이다. 그러한 믿음은 나사로의 무덤에서 곧장 바위를 치워버렸다.

기도하는 믿음은 하나님의 모든 계명을 지키며, 하나님이 보시기에 기뻐하시는 일을 실행한다. 그와 같은 믿음은 "주님, 제가 무엇을 하기 원하십니까?"라고 물으면서, 재빨리 "주님, 말씀하시옵소서. 당신의 종이 듣겠나이다"라고 순종한다. 순종은 믿음을 도와주며, 차례로 믿음이 순종을 도와준다. 하나님의 뜻을 행하는 일은 참된 믿음의 본질이며, 믿음은 절대적인 순종에 반드시 필요하다.

그러나 믿음은 아주 흔히 하나님 앞에서 인내하며 기다리라고 요청할 뿐만 아니라 하나님의 기도 응답이 지체되는 상황에도 충분히 대비한다. 기도가 즉각 응답되지 않는다고 하더라도 믿음은 쉽게 낙담하지 않는다. 믿음은 그분의 말씀에서 하나님을 받아들이면서 하나님이 그분의 목적과 일을 이루시는 과정에서 스스로 정해 놓으신 시간에 따라 찬찬히 모든 일을 진행하시도록 순종하며 기다리게 한다.

참된 믿음에는 기다리라고 요구하는 수많은 지체와 장구한 세월이 존재하기 마련이다. 하지만 믿음은 그와 같은 상황을 담담히 받아들인다. 또한 기도 응답에 지체가 있으리라는 사실을 잘 알고, 그러한 지체를 소중한 시련의 시간으로 받아들인다. 이 과정에서 생겨나는 좋은 것들에 주목하는 동시에, 지독한 훈련을 받는 중에도 그와 같은 특권을 누린다는 사실에 오히려 감사한다.

나사로의 경우도 기다림이 있었으며, 두 선량한 여인의 믿음이 혹독하게 시험을 당한 사례였다. 나사로는 심하게 앓았으며, 두 누이는 예수님을 모셔오라고 사람을 보냈다. 그러나 어떤 분명한 이유도 없이 우리 주님은 앓고 있는 친구를 치유하러 가는 발걸음을 지체하고 계셨다. "주여 보시옵소서. 사랑하시는 자가 병들었나이다"

(요 11:3)는 간청은 절박하고 애처로웠다. 그러나 주님은 이와 같은 간청에도 꿈쩍도 하지 않으셨으며, 두 여인의 간절한 요청은 쇠귀에 경 읽기처럼 도무지 주의를 끌지 못했다. 믿음에 대한 이 얼마나 힘겨운 시험이란 말인가! 더구나 주님의 늑장 대응은 가망성 없는 불행을 초래한 것처럼 보였다. 아니나 다를까, 예수님이 꾸물거리는 사이에 나사로가 죽고 말았다.

그러나 예수님의 지체는 더욱 커다란 선(善)에 관한 관심을 드러내는 조치였다. 마침내 우리 주님은 베다니에 있는 나사로의 집으로 향하는 길을 재촉하신다.

"이에 예수께서 밝히 이르시되 나사로가 죽었느니라. 내가 거기 있지 아니한 것을 너희를 위하여 기뻐하노니 이는 너희로 믿게 하려 함이라. 그러나 그에게로 가자 하시니"(요 11:14-15).

오, 시험을 받으면서 시련을 겪는 성도들이여! 두려워하지 말라. 인내심을 갖고 믿음을 단단히 붙잡고 있으면 때가 이르매 결국 예수님이 오실 것이다. 그분이 지체하시는 이유는 그분의 오심으로 우리에게 더욱 풍성한 복을 누리도록 하기 위함이다. 계속 기도하라. 끝까지 기다리라. 그러면 절대 실망하지 않을 것이다. 만약 예수님이 지체하신다면 그래도 그분을 기다리라. 그분에게 가장 좋은 때에 그분은 분명히 오실 것이며, 그때가 이르면 조금도 꾸물거리지 않으실 것이다.

기다림은 흔히 믿음을 시험하는 과정이며, 믿음에 힘을 불어넣는 시간이다. 이러한 시험의 시간을 맞이할 때 얼마나 많은 인내가 필요한지 모른다! 그러나 이렇게 기다리면서 기도하는 동안 믿음은 힘을 키우게 된다. 기다림의 학교에서 인내는 완벽하게 자기 임무를 담당하고 있다. 어떤 경우에 기다림은 기도의 본질적인 부분에 속하기도 한다. 하나님은 최종적인 응답을 주시기에 앞서 많은 일을 행하셔야 한다. 그것은 은혜를 베풀어 달라고 요구하는 사람들에게 영속적인 선(善)을 이루기 위한 매우 본질적인 일들이다.

야곱은 에서의 손에서 구해 달라고 집중해서 열정적으로 기도했다. 그러나 이 기도가 응답받기 전에 선행되어야 할 일이 많았으며, 다른 무엇보다 먼저 야곱 자신이 변화되어야 했다. 에서가 새사람이 되기 전에 야곱이 먼저 새 사람으로 변화되어야 했다. 에서가 야곱에게 마음을 돌이키기 이전에 야곱이 먼저 하나님께 마음을 돌이켜야 했다.

기도에 관한 예수님의 위대하고 명쾌한 언급 중에서 이 말씀보다 더 우리의 이목을 사로잡는 말씀은 없을 것이다.

"내가 진실로 진실로 너희에게 이르노니 나를 믿는 자는 내가 하는 일을 그도 할 것이요 또한 그보다 큰일도 하리니 이는 내가 아버지께로 감이라. 너희가 내 이름으로 무엇을 구하든지 내가 행하리니 이는 아버지로 하여금 아들로 말미암아 영광을 받으시게 하려 함이라. 내 이름으로 무엇이든지 내게 구하면 내가 행하리라"(요 14:12-14).

하나님께서 기도 응답으로 이루실 일에 대한 이 얼마나 놀라운 진술인가! 가장 엄숙하고도 진실하게 이토록 널리 울려 퍼지는 말씀은 이미 그 자체로 얼마나 커다란 중요성을 지녔단 말인가! 예수님을 신뢰하는 믿음은 모든 일과 기도의 기초이다. 온갖 놀라운 일은 이 같은 놀라운 기도에 달려 있으며, 모든 기도는 예수 그리스도의 이름으로 이루어진다.

여기서 깜짝 놀랄 만큼 단순하게 전달되는 교훈은 단지 우리 주 예수 그리스도의 이름으로 기도하라는 것이다! 오직 예수 그리스도를 제외한 다른 모든 상황은 서서히 변하기 마련이며, 다른 모든 것은 쇠하기 마련이다. 예수님의 이름, 곧 우리 주님의 인격과 구세주 예수 그리스도만이 모든 기도 시간과 제목에서 최고의 주권자로 자리 잡아야 한다.

만약 예수님이 내 삶의 기초로 자리 잡고 계신다면, 그분의 생명을 흘려보내는 것이 여전히 내 자아가 흘러 다니는 모든 자리를 대신하고 빼앗는다면, 그분에 대한 절대적인 순종이 내 삶에서 일어나는 모든 움직임에 영감과 힘을 불어넣는다면 이제 그분은 안심하고 내 의지에 그와 같은 기도를 맡길 수 있을 것이다.

또한 그분의 변함없는 본성만큼이나 깊고 강한 의무감으로 무엇이든지 요청받는 대로 다행하겠다고 스스로 다짐하실 수 있을 것이다. 이토록 뜨겁고 강하게 "하나님을 믿어라"고 말씀하시는 예수님의 권고와 긴박한 마음보다 더 명확하고 조건 없는 명령은 어디에도 없다.

믿음에는 영적인 필요뿐만 아니라 이 세상의 일시적인 필요도 모두 포함된다. 믿음은 무엇을 먹을까, 무엇을 마실까, 무엇을 입을까와 관련한 온갖 지나친 걱정과 불필요한 근심을 물리친다. 믿음은 하루하루 살아가는 순종이기에 내일에 대한 온갖 두려움을 물리친다. 그리하여 믿음은 커다란 생각의 평안과 온전한 마음의 평화를 가져온다.

"주께서 심지가 견고한 자를 평강하고 평강하도록 지키시리니 이는 그가 주를 신뢰함이니이다. 너희는 여호와를 영원히 신뢰하라. 주 여호와는 영원한 반석이심이로다"(사 26:3-4).

"오늘날 우리에게 일용할 양식을 주옵소서"라고 기도할 때 우리는 내일에 대해서 어느 정도 신경을 끊게 된다. 우리는 내일을 사는 게 아니라 오늘을 살아간다. 우리는 내일의 은혜나 내일의 양식을 구하는 게 아니다. 생생하게 살아 있는 현재를 살아가는 사람들이 가장 형통하며 인생에서 가장 많은 것을 얻는다. 내일이 아니라 오늘의 필요를 위해 기도하는 사람들이 기도를 가장 잘하게 된다. 내일의 필요에 대한 요청은 아직 일어나지 않은 일들에 대한 간구로써 우리의 기도를 불필요하고 지나친 일로 만들 수 있다.

참된 기도는 현재의 시련과 필요를 통해 탄생한다. 일용할 양식이란 오늘에 충분한 양식이다. 오늘 허락하신 양식은 내일 필요한 양식도 주실 것이라는 가장 강력한 보증이다. 오늘의 승리는 내일의 승리에 대한 확신을 심어준다. 우리의 기도는 현재에 초점을 맞출 필요가 있다. 우리는 오늘 하나님을 신뢰해야 하며, 내일은 완전히 하나님께 맡겨야 한다. 현재는 우리의 소유이지만 미래는 하나님께 속한 시간이다. 기도는 날마다 반복되는 하루의 과제이자 임무이다. 그러니까 날마다 필요한 것을 채워 달라고 날마다 기도해야 한다.

날마다 우리에게 일용할 양식이 필요한 것과 마찬가지로 날마다 그에 따른 기도가 필요하다. 오늘 어느 정도 기도했다고 해서 그것이 내일 필요한 기도를 충분히 채우는 것은 아니다. 다른 한편으로 내일을 위한 어떤 기도가 오늘 우리에게 어떤 엄청난 가치를 가져다 주는 것도 아니다. 단지 우리에게 필요한 것은 오늘의 만나이다. 하나님은 내일도 역시 우리의 필요가 채워져야 한다는 사실을 잘 알고 계신다. 이것이 바로 하나님께서 영감을 불어넣으려고 애쓰시는 그런 믿음이다.

그러므로 내일을 위한 온갖 염려, 필요, 고민 따위에 대해서는 하나님의 손에 그냥 맡기는 것으로 족하다. 내일의 은혜나 내일의 기도를 쌓아 두는 것은 있을 수 없다. 내일의 필요를 채우기 위해서 오늘의 은혜를 모아 두는 일도 있을 수 없다. 우리는 내일의 은혜를 오늘 누릴 수 없고, 내일의 양식을 오늘 먹을 수 없으며, 내일의 기도를 오늘 할 수도 없다. 그렇기에 우리는 오늘에 만족하는 삶을 살아야 한다. 또한 우리에게 믿음이 있다면 가장 확실한 사실은 현재에 만족하는 게 언제나 가장 좋은 일이라는 점이다.

진짜 참된 믿음은 명확해야 하고 아무런 의심이 없어야 한다. 그것은 단지 두루뭉술하게 하나님의 성품을 믿거나 하나님의 존재, 선하심, 능력을 무턱대고 믿는 일이 아니다. "그 말하는 것이 이루어질 줄"(막 11:23) 확실히 믿는 마음이다. 믿음이 구체적인 만큼 그에 따른 응답 역시 명확해진다. 그러면 그 말하는 게 무엇이든지 그대로 이루어질 것이다. 우리가 믿음과 기도로 그와 같은 일을 명확하게 구별한다면, 하나님은 강한 믿음과 끈질긴 기도로 정확히 가리키면서 성취해 달라고 간청하는 바로 그것을 행하시는 일에 전념하실 것이다.

마가복음 11장 24절에서는 이렇게 말씀하신다. "그러므로 내가 너희에게 말하노니 무엇이든지 기도하고 구하는 것은 받은 줄로 믿으라. 그리하면 너희에게 그대로 되리라." 온전한 믿음은 온전한 기도를 통해 간청하는 것을 항상 소중하게 품고 있다. "무엇이든지, 모든 것을!" 이 얼마나 거대하고 무한한 기도의 영역이란 말인가! 그 약속이 얼마나 분명하고 구체적이란 말인가! "그리하면 너희에게 그대로 되리라."

우리의 가장 중대한 관심사는 우리의 믿음에 관한 일이다. 그것은 믿음의 성장과 관련한 여러 가지 문제, 그리고 믿음의 왕성한 성숙을 위한 여러 가지 활동이다. 아무런 흔들림이나 의심이나 두려움 없이 우리가 믿음으로 구하는 것을 지켜내기 위해 단단히 붙잡고서 놓지 않는 믿음, 기도하는 과정과 훈련에서 엄청난 가치를 지닌 진주와 같은 믿음, 그것이야말로 우리에게 가장 필요한 믿음이다.

앞서 인용한 것처럼 믿음과 기도에 대한 주님의 언급은 매우 중요한 의미를 지닌다. 믿음은 구해야 할 것에 대한 명확하고 구체적이며 제한 없고 틀림없는 요청이다. 믿음은 모호하고 흐릿한 게 아니다. 믿음은 우리를 위해 행하시는 하나님의 기꺼운 마음과 능력을 신뢰하는 한갓 추상적인 기대를 훨씬 뛰어넘는 것이다. 그러므로 우리는 다음과 같은 말씀을 다시 한번 곱씹을 필요가 있다.

"내가 진실로 너희에게 이르노니 누구든지 이 산더러 들리어 바다에 던져지라 하며 그 말하는 것이 이루어질 줄 믿고 마음에 의심하지 아니하면 그대로 되리라"(막 11:23).

이처럼 믿음과 간구가 명확한 것만큼 응답도 그와 마찬가지일 것이다. 하나님이 허락하시는 일은 우리가 간구한 것과 전혀 다른 어떤 게 아니라 실제로 우리가 구체적으로 거명하면서 간절히 찾는 바로 그것이다. "그 말하는 것이 (무엇이든) 그대로 되리라." 여기서 "그대로 되리라"는 말씀은 굉장히 단호한 명령법이다. 그렇기에 하나님이 우리에게 허락해주시는 응답에는 질이나 양에 있어서 아무런 제한이 없다.

믿음과 기도는 간구할 제목을 선별하게 되는데 그에 따라 하나님도 행하실 것을 결정하게 된다. "그 말하는 것이 무엇이든지 그대로 되리라." 하나님은 우리가 믿음과 기도를 통해 요구하는 모든 것을 정확하고 충만하게 공급하시려고 단단히 채비하고 계신다. 만약 우리가 하나님을 향해 정확하고 구체적이며 분명하게 간구한다면 하나님도 우리에게 제시받은 조건이나 표현에 따라서 정확하게 그 기도에 응답하실 것이다.

믿음은 하나님의 말씀에 대한 추상적인 신념이 아니다. 단순한 정신적인 신뢰도 아니며, 이지적으로나 의지적으로 간단하게 동의하는 마음도 아니다. 아무리 성스럽거나 절대적일지라도 믿음은 어떤 사실을 그냥 수동적으로 무작정 받아들이는 것이 아니다. 믿음은 하나님의 운행하심이고, 신성한 하나님의 조명하심이며, 하나님의 말씀과 성령께서 인간의 영혼 속에 불어넣으시는 거룩한 에너지이다. 그건 다름 아닌 초자연적인 것을 취해 거기에 시간과 감각의 능력을 더함으로써 우리가 이해할 수 있게 만드는 영적이고 신성한 원리이다.

믿음은 하나님을 움직이며 하나님을 의식한다. 믿음은 예수님을 움직이며 그분을 구세주로 바라본다. 믿음은 하나님의 말씀을 다루고 그 진리를 단단히 붙잡는다. 믿음은 하나님의 성령을 움직이면서 성령의 거룩한 불로 에너지와 영감을 받는다. 하나님은 우리 믿음의 거대한 목적이다. 왜냐하면 믿음은 전적으로 그분의 말씀에 모든 비중을 두기 때문이다. 믿음은 우리 영혼의 목적 없는 행위가 아니라 하나님을 바라보면서 그분의 약속을 신뢰하는 것이다. 사랑과 소망이 언제나 뚜렷한 목적을 가진 것과 마찬가지로 믿음 역시 그렇다. 믿음은 무작정 어떤 일을 믿는 게 아니라 하나님을 믿고, 하나님을 기대하면서 하나님의 말씀을 신뢰하는 마음이다.

믿음은 기도를 탄생하게 하고, 강력한 탄원의 씨름에서 더욱 강하게 성장하도록 하며, 더욱 깊숙이 공격하도록 하고, 더욱 높은 곳으로 솟아오르게 한다. 믿음은 바라는 것의 실상이며 성도가 기업으로 물려받는 몫에 대한 확신이자 실현이다. 그렇기에 믿음은 겸손하고 끈질기다. 믿음은 조용히 기다리면서 기도할 수 있으며, 가만히 무릎을 꿇거나 먼지 구덩이에 엎드릴 수도 있다. 믿음은 기도의 커다란 조건 가운데 하나이다. 그러나 부족한 믿음은 모든 빈약한 기도, 연약한 기도, 적은 기도, 응답받지 못하는 기도의 근원적인 이유이다.

믿음의 본질과 의미는 믿음에 관한 정의보다는 믿음에 따른 행위를 통해 훨씬 더 잘 드러나고 증명된다. 그러니까 우리가 히브리서 11장에 등장하는 훌륭한 믿음의 거장들에 관한 기록을 찬찬히 살펴본다면 우리는 놀라운 믿음의 결과를 발견하게 될 것이다.

그러한 믿음의 거장들을 언급하고 있다는 사실은 우리에게 큰 도전을 준다. 거기에는 엄청난 믿음의 업적이 기록되어 있으며 믿음의 공로가 언급되어 있다. 이 얼마나 놀라운 믿음인가! 하나님으로부터 영감을 받아 기록한 히브리서 기자는 마침내 이렇게 외친다.

"내가 무슨 말을 더 하리요. 기드온, 바락, 삼손, 입다, 다윗 및 사무엘과 선지자들의 일을 말하려면 내게 시간이 부족하리로다. 그들은 믿음으로 나라들을 이기기도 하며 의를 행하기도 하며 약속을 받기도 하며 사자들의 입을 막기도 하며 불의 세력을 멸하기도 하며 칼날을 피하기도 하며 연약한 가운데서 강하게 되기도 하며 전쟁에 용감하게 되어 이방 사람들의 진을 물리치기도 하며 여자들은 자기의 죽은 자들을 부활로 받아들이기도 하며 또 어떤 이들은 더 좋은 부활을 얻고자 하여 심한 고문을 받되 구차히 풀려나기를 원하지 아니하였으며 또 어떤 이들은 조롱과 채찍질뿐 아니라 결박과 옥에 갇히는 시련도 받았으며 돌로 치는 것과 톱으로 켜는 것과 시험과 칼로 죽임을 당하고 양과 염소의 가죽을 입고 유리하여 궁핍과 환난과 학대를 받았으니 (이런 사람은 세상이 감당하지 못하느니라) 그들이 광야와 산과 동굴과 토굴에 유리하였느니라"(히 11:32-38).

그러고 나서 히브리서 기자는 이처럼 "세상이 감당하지 못하는"(38절) 구약시대의 성도들이 믿음을 통해 이루었으나 제대로 기록되지 않았던 공적들을 언급하면서 다시 한번 놀라운 믿음의 계통을 이야기한다. 히브리서 기자에 따르면 이 사람들은 모두 믿음으로 말미암아 훌륭한 사람이라는 평판을 받았다(39절).

만약 이 사람들의 그와 같은 강력한 믿음을 본받아 놀랍게 기도하는 세대를 계속해서 재생산했다면 지금 교회는 얼마나 영광스러운 성취의 시대를 열었겠는가! 교회에 필요한 사람은 지적으로 훌륭한 사람이 아니다. 시대마다 요구되는 사람은 부유한 사람도 아니다. 오늘날 이 시대가 요청하는 사람은 사회적으로 커다란 영향력을 가진 사람이 아니다. 교회와 전 인류에게 필요한 사람은 다른 무엇보다도 믿음의 사람이고, 강력한 기도의 사람이며, 믿음으로 말미암아 훌륭한 사람이라고 평판받는, 히브리서에서 자세히 언급하는 거장들의 방식을 따라 살아가는 사람이다.

오늘날 수많은 사람이 돈으로 자선을 베푼다거나 커다란 정신적인 은사와 달란트 때문에 '좋은 평판'을 얻지만 하나님을 신뢰하는 커다란 믿음 때문에, 또는 엄청난 기도를 통해 이루어지는 놀라운 일들 때문에 '좋은 평판'을 얻고 있는 사람은 거의 없다. 과거 여느 시대와 마찬가지로 오늘날 우리에게는 커다란 믿음의 사람들, 그리고 엄청나게 많이 기도하는 그런 사람들이 필요하다.

이 둘이야말로 하나님의 눈으로 보시기에 거장으로 삼을 만한 중대한 가치이며, 교회의 사역에서 진정으로 영적인 성공을 거둘 수 있는 환경을 만들어내는 두 가지 요소이다. 마치 하나님 앞에 있는 것처럼 여기면서, 우리가 그러한 특질과 성격을 지닌 믿음을 유지하고 있는지 알아보는 일이 지금 우리의 주요한 관심사이다. 아무런 두려움이나 의심 없이 우리가 구하는 것을 지켜내기 위해 단단히 붙잡고 놓지 않는 그런 믿음을 누가 유지하고 있는지 말이다.

의심과 두려움은 우리의 믿음을 넘어지게 하는 쌍둥이 대적이다. 때때로 이 둘은 믿음의 자리를 통째로 가로챈 나머지, 우리가 기도한다고 하더라도 종종 우리의 기도가 걱정과 불평으로 말미암아 마음의 평정을 잃어버린 기도로 변질되게 만든다. 베드로는 거대한 파도가 자기를 덮쳐 믿음의 능력을 휩쓸어 버리도록 가만히 내버려 두었기 때문에 게네사렛 호수 위를 계속 걸어갈 수 없었다. 주님에게서 눈길을 돌려 그 파도에 온통 마음을 쏟은 탓에 베드로는 가라앉기 시작했고, "주여, 나를 구원하소서! 그렇게 하지 아니하시면 내가 물에 빠져 죽겠나이다"라고 소리치지 않을 수 없었다 (마 14:30 참조).

우리는 결코 의심을 마음속 깊이 간직해 두어서는 안 되며, 두려움 역시 마음에 품어서는 안 된다. 그 누구도 자신이 두려움과 의심의 희생자라는 그릇된 생각을 품어서는 안 된다. 하나님에 대해 의심을 품는 일은 우리의 정신 영역에서 아무런 자리를 차지할 수 없으며, 그러한 생각으로부터 어떤 위안도 끌어낼 수 없다. 그러므로 우리는 자신의 연약함에서 벗어나 하나님의 강함에 절대적으로 의존해야 한다. "그러므로 엄청난 보상을 받는 일에 너무 큰 확신을 두지 말라." 단순하게 맡기는 믿음, 날마다 하루하루를 살아가는 삶, 매일, 매시간, 매 순간 모든 짐을 주님께 내려놓는 인생은 두려움을 가볍게 날려버릴 것이고, 온갖 불안을 몰아낼 것이며, 모든 의심에서 벗어나게 할 것이다.

"아무것도 염려하지 말고 다만 모든 일에 기도와 간구로, 너희 구할 것을 감사함으로 하나님께 아뢰라. 그리하면 모든 지각에 뛰어난 하나님의 평강이 그리스도 예수 안에서 너희 마음과 생각을 지키시리라. 끝으로 형제들아 무엇에든지 참되며 무엇에든지 경건하며 무엇에든지 옳으며 무엇에든지 정결하며 무엇에든지 사랑받을 만하며 무엇에든지 칭찬받을 만하며 무슨 덕이 있든지 무슨 기림이 있든지 이것들을 생각하라. 너희는 내게 배우고 받고 듣고 본 바를 행하라. 그리하면 평강의 하나님이 너희와 함께 계시리라"(빌 4:6-9).

이것은 우리 영혼의 모든 두려움, 걱정, 그리고 적절하지 못한 근심, 더 나아가 의심이나 불신앙과 유사한 모든 것에 대한 신성한 치유책이다. 이것은 모든 지각을 뛰어넘는 평강을 보증하는 거룩한 처방전이며, 우리의 마음과 생각을 고요함과 평안으로 지켜준다.

우리는 모두 히브리서에서 제기하는 주의사항을 명확히 주목하고 주의를 기울여야 한다.

"형제들아 너희는 삼가 혹 너희 중에 누가 믿지 아니하는 악한 마음을 품고 살아 계신 하나님에게서 떨어질까 조심할 것이요 오직 오늘이라 일컫는 동안에 매일 피차 권면하여 너희 중에 누구든지 죄의 유혹으로 완고하게 되지 않도록 하라. 우리가 시작할 때에 확신한 것을 끝까지 견고히 잡고 있으면 그리스도와 함께 참여한 자가 되리라"(히 3:12-14).

우리가 어떤 대적과 맞서 싸우는 일과 마찬가지로 불신앙에 빠지지 않도록 경계해야 한다. 믿음은 계속해서 연마될 필요가 있다. 우리는 계속해서 기도해야 한다. "오, 주님! 우리의 믿음을 키워주소서!" 왜냐하면 믿음은 언제나 성장할 가능성이 아주 크기 때문이다. 데살로니가 사람들에 대한 바울의 칭찬은 그 사람들의 믿음이 엄청나게 성장했다는 점이었다(살전 1장, 3장). 믿음은 행함을 통해 성장한다. 믿음은 강한 연단을 통해 자라난다.

"그러므로 너희가 이제 여러 가지 시험으로 말미암아 잠깐 근심하게 되지 않을 수 없으나 오히려 크게 기뻐하는도다. 너희 믿음의 확실함은 불로 연단하여도 없어질 금보다 더 귀하여 예수 그리스도께서 나타나실 때에 칭찬과 영광과 존귀를 얻게 할 것이니라. 예수를 너희가 보지 못하였으나 사랑하는도다. 이제도 보지 못하나 믿고 말할 수 없는 영광스러운 즐거움으로 기뻐하니 믿음의 결국 곧 영혼의 구원을 받음이라"(벧전 1:6-9).

믿음은 하나님의 말씀을 읽고 묵상함으로써 성장한다. 다른 무엇보다 먼저 믿음은 기도하는 삶에서 무럭무럭 자라난다.

우리가 자기 자신에 대해 이렇게 개인적으로 묻는다면 그건 참 잘하는 일이다. "나에게 하나님을 신뢰하는 믿음이 과연 있는가? 나에게 진짜 믿음, 곧 온 땅에 있는 것과 하늘에 있는 것에 관해 온전한 평강 가운데 나를 지켜주는 믿음이 있는가?" 이것은 인간이 스스로 제기하여 대답할 수 있어야 하는 가장 중요한 질문이다.

그런데 이에 못지않게 의미심장한 또 다른 질문이 있다. "나는 정말로 하나님께 기도하고 있으며, 그리하여 과연 그분이 내 기도를 들으시고 응답하시는가? 그리고 내가 진정으로 하나님께 기도하고, 내가 그분께 구한 것을 하나님으로부터 직접 받고 있는가?"

로마의 초대 황제 가이사 아구스도는 별 볼 일 없는 목재 도시 로마를 웅장한 대리석 도시로 탈바꿈시키는 위대한 업적을 남겼다. 그러나 기도하지 않는 사람들을 기도하는 청중으로 바꾸는 데 성공하는 목회자는 나무로 이루어진 도시를 대리석으로 바꾼 아구스도보다 더 위대한 일을 이루는 것이다. 그러니까 무엇보다 먼저 이것은 말씀 전파자에게 가장 중요한 과업이다.

목회자는 기도하지 않는 사람들, 곧 "하나님이 우리의 생각을 모두 사로잡고 있는 것은 아니에요"라고 말하는 부류의 사람들을 곳곳에서 시시때때로 만나게 된다. 그렇기에 목회자가 감당해야 할 가장 주요한 업무는 하나님을 잊어버리지 않도록, 믿음이 사라지지 않도록, 기도를 게을리하지 않도록 사람들을 돌이키는 일이다. 그리하여 그 사람들이 습관적으로 기도하고, 하나님을 신뢰하며, 하나님을 기억하고, 하나님의 뜻을 행하도록 양육하는 것이다. 말씀을 전파하는 목회자는 단지 사람들을 설득해서 교회에 다니도록 하거나, 더 나은 삶에 도달하도록 도와주라고 보내심을 받은 게 아니다. 목회자는 성도들이 기도하도록, 하나님을 신뢰하도록, 그 성도들의 눈앞에 항상 하나님이 계시도록 하여 하나님께 죄악을 저지르지 않게끔 도와주어야 한다.

"주 예수를 믿으라. 그리하면 너와 네 집이 구원을 받으리라"(행 16:31)와 같은 부르심이 신적인 권위를 통해 선포되었다. 그렇기에 우리는 믿음의 엄청난 중요성과 하나님이 믿음에 부여해 두신 커다란 가치를 깨닫게 된다. 하나님이 내건 구원을 받기 위한 필수불가결한 조건 가운데 하나, 곧 "너희는 믿음으로 말미암아 믿음을 통하여 구원을 받는다"는 사실을 기억할 때 말이다.

이처럼 기도의 엄청난 중요성을 곰곰이 생각해 볼 때 우리는 기도 바로 곁에 서 있는 믿음을 발견할 수밖에 없다. 우리는 믿음으로 말미암아 구원을 받게 되며 믿음으로 말미암아 구원을 유지하게 된다. 기도는 우리를 믿음의 생활로 인도한다. 바울은 자신이 살았던 삶, 자신을 사랑하고 자신을 위해 그분 자신을 내주셨던 하나님의 아들을 믿는 믿음으로 말미암아 살아가는 삶, 그리하여 눈에 보이는 것이 아니라 믿음으로 동행하는 삶에 관해 계속해서 선포했다.

기도는 절대적으로 믿음에 의존한다. 실제로 기도는 믿음과 떨어져서 존재할 수 없으며, 기도가 믿음의 동반자가 되지 않고서는 아무것도 성취할 수 없다. 믿음은 기도에 능력을 더해주며, 매우 중요한 의미에서 기도보다 선행되어야 한다.

"믿음이 없이는 하나님을 기쁘시게 하지 못하나니 하나님께 나아가는 자는 반드시 그가 계신 것과 또한 그가 자기를 찾는 자들에게 상 주시는 이심을 믿어야 할지니라"(히 11:6).

하나님을 향해 무슨 기도를 시작하기 전에, 어떤 기도의 간구를 앞세우기 전에, 어떤 기도 제목을 아뢰기 전에 믿음이 앞서 나아가야 한다. 하나님의 존재에 대한 믿음을 강력히 주장해야 하고, "그가 자기를 찾는 자들에게 상 주시는 이"라는 은혜로운 진리에 대해 동의를 표시해야 한다. 이것이야말로 기도에서 가장 중요한 단계이다. 이와 같은 점에서 믿음이 저절로 축복을 가져오는 것은 아니지만, 믿음은 기도가 그 축복을 달라고 간구하는 위치에 서도록 만든다. 그리고 하나님은 얼마든지 축복할 수 있을 뿐만 아니라 기꺼이 축복하신다고 믿도록 간구하는 사람을 도움으로써 그 축복의 실현을 위해 또 다른 발걸음을 떼도록 인도한다.

믿음은 기도가 일하기 시작하도록 해서 하나님의 보좌로 나아가는 길을 깔끔하게 열어준다. 다른 무엇보다 믿음은 하나님의 보좌가 분명히 있으며, 기도하는 사람들을 기다리고 있는 대제사장이 계신다는 확신을 불어넣는다. 믿음은 기도에 길을 열어주어 하나님께로 나아가도록 인도한다.

그러나 믿음은 이보다 더 많은 일을 한다. 기도가 걸어가는 모든 발걸음에는 믿음이 뒤따른다. 믿음과 기도는 절대 떨어질 수 없는 동반자이다. 하나님께 어떤 기도 요청을 할 때 구한 것을 확실하게 받을 수 있도록 이끌어주는 것도 믿음이다. 그러니까 기도에는 항상 믿음이 뒤따른다. 어떤 성도가 기도를 통해 인도받는 영성생활은 바로 믿음의 삶이기 때문이다. 성도들이 기도를 통해 얻게 되는 축복 가운데 하나는 행위에 따른 삶이 아니라 믿음의 삶이다.

믿음은 기도를 강하게 하며, 기도에 인내를 더해 하나님을 기다리게 한다. 믿음은 하나님이 상 주시는 이심을 믿는다. 성경에서 이 진리보다 더 명쾌하게 계시되는 진리는 없으며, 또한 그 어떤 진리도 이보다 더 커다란 격려를 불어넣지는 못한다. 심지어 골방도 "너는 기도할 때에 네 골방에 들어가 문을 닫고 은밀한 중에 계신 네 아버지께 기도하라. 은밀한 중에 보시는 네 아버지께서 갚으시리라"(마 6:6)고 약속된 보상을 받을 뿐만 아니라, 주님의 이름으로 섬기기는 하지만 제자들에게 시시하게 보이는 섬김이라도 분명히 그 보상을 받게 된다. 그러므로 믿음은 이와 같은 소중한 진리에 대해 마음에서 우러나오는 힘찬 동의를 보낸다.

그러나 믿음은 한 가지 매우 특별한 요점으로 범위를 좁힌다. 다시 말해 믿음은 부지런히 하나님을 찾는 자들에게는 분명히 상 주시는 이심을 믿는다는 것이다. 믿음은 부지런히 하나님을 찾는 자들에게 확신과 격려를 불어넣는다. 왜냐하면 기도할 때 풍성히 보상받는 것은 바로 그 사람이기 때문이다.

우리는 믿음이야말로 성공적인 기도와 절대 뗄 수 없는 조건임을 끊임없이 기억해야 한다. 믿음은 참된 기도의 최종적인 조건이자 절대 분리될 수 없다는 사실을 잊어서는 안 된다. 이와 관련해서 우리에게 매우 친숙하고도 중요한 선포에서는 이렇게 기록되어 있다. "믿음이 없이는 하나님을 기쁘시게 하지 못하나니"(히 11:6).

사도 야고보 또한 이 진리를 매우 명백하게 전해준다.

"너희 중에 누구든지 지혜가 부족하거든 모든 사람에게 후히 주시고 꾸짖지 아니하시는 하나님께 구하라. 그리하면 주시리라. 오직 믿음으로 구하고 조금도 의심하지 말라. 의심하는 자는 마치 바람에 밀려 요동하는 바다 물결 같으니 이런 사람은 무엇이든지 주께 얻기를 생각하지 말라. 두 마음을 품어 모든 일에 정함이 없는 자로다"(약 1:5-8).

의심하는 것은 항상 금지되어 있다. 왜냐하면 의심은 믿음의 원수이며 능력 있는 기도를 방해하기 때문이다. 디모데전서에서 바울은 성공적인 기도의 조건과 관련하여 매우 귀중한 진리를 우리에게 제시하면서 이렇게 기록하고 있다. "그러므로 각처에서 남자들이 분노와 다툼이 없이 거룩한 손을 들어 기도하기를 원하노라"(딤전 2:8). 온갖 의심스러운 질문은 경계하는 동시에 피해야 한다. 두려움과 막연한 불안감은 참된 기도에서 설 자리가 없다. 믿음은 스스로 자신을 드러내야 하며, 이러한 기도의 대적들을 향해 떠나라고 명해야 한다.

믿음에 아무리 많은 권위를 부여하더라도 지나치지 않는다. 그러나 기도는 믿음의 능력을 두드러지게 만드는 홀(笏)이다. 어느 뛰어난 하나님의 사람이 쓴 다음과 같은 조언에는 얼마나 많은 영적인 지혜가 담겨 있단 말인가!

"타락의 속박에서 자유롭게 벗어나고 싶은가? 일반 은총과 특별 은총 안에서 자라고 싶은가? 만약 그렇다면 당신이 가야 할 길은 분명하다. 하나님에게 더 큰 믿음을 달라고 간구하라. 아침, 정오, 밤마다 하나님께 구하라. 길을 걸어가는 동안에도, 집에 앉아 있는 동안에도, 잠자리에 누울 때도, 잠자리에서 일어날 때도 하나님께 간청하라. 마음속에 거룩한 것들에 대해 더욱 깊은 감동을 주시도록, 바라는 것들에 대한 실상과 보이지 않는 것들에 대한 증거를 점점 더 많이 제시해 달라고 하나님께 단순하게 요청하라."

　기도에 대한 커다란 격려가 성경에 제시되어 있는데, 우리 주님은 항상 천국에 대한 확신과 약속을 기도에 대한 가르침으로 마무리하신다. 천국에 예수님이 계신다는 사실, 그분이 성도들을 위해 거기에 준비해 두신 것들, 그분이 성도들을 영접하기 위해 다시 오실 것이라는 확신, 이 모든 게 기도에 지치지 않도록 우리를 도와주고, 기도의 힘든 싸움을 더욱 강하게 하며, 기도의 고달픈 수고를 훨씬 감미롭게 만든다! 이러한 것들은 기도에 대한 소망의 별이며, 기도의 눈물을 닦아주고, 기도의 쓰라린 외침에다 천국의 향취를 불어넣는다.

　순례자의 영은 기도를 엄청나게 촉진한다. 이 땅에 얽매인, 이 세상에 만족하는 영은 기도할 수 없다. 그러한 마음속에는 영적인 소망의 불꽃이 아예 꺼졌거나, 흐릿한 불빛으로 연기를 내면서 겨우 타오르고 있을 뿐이다. 그 믿음의 날개는 꺾였으며, 그 눈은 흐릿해졌고, 그 입은 점차 조용해졌다. 그러나 확고한 믿음과 쉬지 않는 기도로 계속해서 주님을 기다리는 사람은 자기 능력을 새롭게 하고, 독수리 날개 치듯이 날아오르며, 열심히 달리되 지치지 않고, 부지런히 걷되 절대 절망하지 않는다.

기도는 독립적이지 않다. 기도는 혼자 고립된 임무나 따로 떨어진 원리가 아니다. 기도는 그리스도인의 여러 다른 임무와 연합해서 살아가며, 다른 원리들과 혼연일체가 되어 다른 은혜들과 협력 관계를 맺는다. 그러나 기도는 다른 무엇보다 서로 분리될 수 없을 정도로 확고하게 믿음과 결합된다. 믿음은 기도에 색조와 음조를 더하고, 기도의 성격을 결정하며, 기도의 결과를 확실하게 보장한다.

또한 신뢰는 믿음을 절대적이고 인정받을 만한 것으로 만들고, 온전한 것으로 완성한다. 뭐니 뭐니 해도 믿음과 그 실행에는 일종의 모험이 도사리고 있다. 그러나 신뢰는 확고한 신념 체계이며, 신뢰는 절정 상태의 믿음이다. 신뢰는 의식적인 행위이며, 우리가 충분히 감지할 수 있는 사실이다. 성경적인 개념에 따르면 신뢰는 새로 태어난 영혼의 눈으로 바라보고, 새로워진 영혼의 귀로 듣는 일이다. 신뢰는 우리 영혼의 느낌이며, 영적인 눈, 귀, 맛, 감정이다. 이 모든 것은 신뢰와 관련 있다.

그러한 신뢰가 얼마나 빛나고, 분명하며, 의식적이고, 강력하며, 또한 그중에서도 특히 얼마나 성경적이란 말인가! 너무나 허약하고 무미건조하고 냉랭한 수많은 형태의 현대적인 신념 체계와는 얼마나 다르단 말인가! 아무리 새롭고 다양한 양상을 띤 신념 체계라도 전혀 자기 존재를 의식하지 못하며, 아무리 그것을 활용한다 해도 "이루 다 말할 수 없는 영광으로 충만한 기쁨"을 전혀 느끼지 못한다. 그러한 신념 체계들은 대체로 우리 영혼의 막연한 불안감 속에서 감행하는 모험에 지나지 않는다. 어떤 일에 대해서든 안전하고 확실한 신뢰가 전혀 없다. 그러므로 모든 일은 그저 '아마'와 '어쩌면'이라는 범주에서 벌어진다.

그러나 신뢰는 생명과 마찬가지로 확실한 느낌이다. 그것은 단순한 느낌을 훨씬 뛰어넘는 느낌이다. 느껴지지 않는 생명이 자가당착인 것과 마찬가지로 느껴지지 않는 신뢰 역시 모순이고 착각이다. 신뢰는 온갖 속성을 가장 잘 느끼는 것이다. 신뢰는 온갖 느낌이며 오직 사랑으로 말미암아 그것이 가능해진다. 느껴지지 않는 사랑은 느껴지지 않는 신뢰와 마찬가지로 불가능하다. 지금 우리가 말하고 있는 것을 신뢰한다면 그것은 확신이다. 느껴지지 않는 확신? 이 얼마나 터무니없이 웃긴 말인가!

신뢰는 지금 여기에서 하나님이 행하시는 일을 바라본다. 게다가 신뢰에는 그것보다 더 많은 것이 내포되어 있다. 신뢰는 매우 높은 명성을 얻게 되는데, 눈에 보이지 않는 것과 영원한 것을 바라보면서 하나님이 그와 같은 일들을 행하셨음을 깨달아, 그것들이 이미 이루어진 일처럼 여기기 때문이다. 신뢰는 영원을 우리 시간 속의 명확한 기록과 사건이 되게 하고, 바라는 것들의 실상을 현실적인 열매로 변화시키며, 약속을 현재의 소유로 바꾸어 놓는다. 마치 우리가 눈으로 보거나 손으로 느껴야 아는 것처럼 우리에게 신뢰가 있어야만 무엇인가를 알 수 있게 된다. 신뢰는 바라보고 받아들이고 붙잡게 된다. 신뢰는 그 자신을 증거로 삼는다.

그러나 흔히 우리의 믿음은 너무나 연약하여 하나님의 최선을 즉각적으로 받아들이지 못할 정도이다. 그러므로 믿음이 힘 있게 성장하여 영원한 것을 실제적인 경험과 시간의 영역으로 가지고 내려올 수 있을 때까지 사랑하는 마음으로 강하게 기도하면서 절박한 순종을 통해 기다려야 한다.

기도, 곧 가장 강력하게 기도하는 가운데 기다리는 문제에서 믿음은 가장 높은 수준에 도달하여 실제로 그 자체가 곧 하나님의 선물이 된다. 그리고 신뢰는 하나님과 끊임없는 의사소통을 통해 확실하게 보장되고, 하나님께 끈기 있게 몰두하는 우리 영혼의 복된 성향과 표현으로 자리 잡는다.

예수 그리스도는 믿음이야말로 우리의 기도가 응답받는 조건이라고 분명하게 가르치셨다. 우리 주님이 무화과나무를 저주하셨을 때 그 나무가 실제로 시들어버리자 제자들은 깜짝 놀랐으며, 그에 따른 제자들의 언급에는 도저히 믿을 수 없다는 표시가 들어 있었다. 예수님이 제자들에게 "하나님을 믿으라"고 당부하신 것은 바로 그때였다.

"내가 진실로 너희에게 이르노니 누구든지 이 산더러 들리어 바다에 던져지라 하며 그 말하는 것이 이루어질 줄 믿고 마음에 의심하지 아니하면 그대로 되리라. 그러므로 내가 너희에게 말하노니 무엇이든지 기도하고 구하는 것은 받은 줄로 믿으라. 그리하면 너희에게 그대로 되리라"(막 11:23-24).

신뢰가 기도의 골방만큼 그렇게 서슴없이 풍성하게 자라는 곳은 아무 데도 없다. 신뢰의 전개와 발전은 그게 규칙적으로 잘 진행될 때 더욱 빨라지고 건강해지며 온전해진다. 이러한 일들이 마음에서 충분하고 자유롭게 일어날 때 신뢰는 활짝 꽃피게 된다. 태양의 눈빛과 존재가 꽃과 열매를 자라게 하며 만물이 밝고 찬란한 생명의 기운을 샘솟게 하는 것처럼 하나님의 임재는 신뢰에 왕성한 생명을 불어넣는다.

"하나님을 믿으라" "주님을 신뢰하라"와 같은 말씀은 기도의 기본 원리이자 기초이다. 무엇보다도 먼저 그것은 하나님의 말씀에 대한 신뢰라기보다는 하나님의 인격 자체에 대한 신뢰를 의미한다. 왜냐하면 하나님의 인격에 대한 신뢰가 하나님의 말씀에 대한 신뢰보다 선행되어야 하기 때문이다.

"너희는 마음에 근심하지 말라. 하나님을 믿으니 또 나를 믿으라"(요 14:1)는 말씀은 우리 주님이 제자들의 인격적인 신뢰에 기초하여 요청하신 말씀이다. 예수 그리스도의 인격이 신뢰의 눈에서 중심을 차지해야 한다. 이 위대한 진리야말로 나사로가 베다니에 있는 무덤에 장사 되었을 때 예수님이 마르다에게 강한 인상을 심어주려고 애쓰신 부분이다. 마르다는 자기 오라버니가 다시 살아나리라는 사실에 대한 믿음을 이렇게 표현했다. "마르다가 이르되 마지막 날부활 때에는 다시 살아날 줄을 내가 아나이다"(요 11:24).

예수님은 다음과 같은 대화를 통해 부활이라는 단순한 사실에 대한 마르다의 신뢰를 그분 자신의 인격에 대한 신뢰로 나아가도록 끌어올리셨다.

"마르다가 예수께 여짜오되 주께서 여기 계셨더라면 내 오라버니가 죽지 아니하였겠나이다. 그러나 나는 이제라도 주께서 무엇이든지 하나님께 구하시는 것을 하나님이 주실 줄을 아나이다. 예수께서 이르시되 네 오라비가 다시 살아나리라. 마르다가 이르되 마지막 날 부활 때에는 다시 살아날 줄을 내가 아나이다. 예수께서 이르시되 나는 부활이요 생명이니 나를 믿는 자는 죽어도 살겠고 무릇 살아서 나를 믿는 자는 영원히 죽지 아니하리니 이것을 네가 믿느냐. 이르되 주여 그러하외다. 주는 그리스도시요 세상에 오시는 하나님의 아들이신 줄 내가 믿나이다"(요 11:21-27).

어떤 역사적인 사실이나 단순한 기록에 대한 신뢰는 매우 소극적인 일일 수도 있지만 어떤 인격에 대한 신뢰는 그와 같은 자질에 생기를 불어넣을 뿐만 아니라 그와 같은 자질을 통해 열매를 맺게 하며, 그와 같은 자질에다 사랑을 충만하게 채운다. 기도를 충만하게 하는 신뢰는 어떤 인격의 중심에 자리 잡고 있다.

그런데 신뢰는 이보다 훨씬 더 멀리까지 나아간다. 우리의 기도에 영감을 불어넣는 신뢰는 단지 하나님과 예수님의 인격에 대한 신뢰뿐만 아니라 기도한 것을 허락해주시는 두 분의 능력과 기꺼운 마음에 대한 신뢰여야 한다. "너희는 주님을 신뢰하라." 우리 주 여호와 안에 영존하는 능력이 있기 때문이다(사 26:4 참조).

우리 주님이 능력 있는 기도의 조건이라고 가르쳐주신 신뢰는 머리에 관한 것이 아니라 마음에 관한 것이다. 그것은 "마음으로 조금도 의심하지 않는" 신뢰이다. 그러한 신뢰에는 커다랗고 만족스러운 응답을 존중할 수밖에 없는 거룩한 확신이 들어 있다. 우리 주님의 강력한 약속은 믿음을 현재로 이끌어 와서 현재의 응답을 헤아려보게 한다.

과연 우리는 아무런 의심 없이 믿고 있는가? 우리가 기도할 때 현재 구하는 것을 앞으로 어느 날엔가 받을 것이라고 믿는 게 아니라, 바로 그때 거기에서 받으리라고 과연 확신하고 있단 말인가? 그게 바로 이와 같은 성경 말씀에서 가르쳐주는 내용이다. 그러므로 의심이 떠나가고, 절대적인 신뢰가 약속된 축복을 제대로 요구하기까지 "주여, 우리 믿음을 키워주소서"라고, 우리가 기도해야 할 필요성이 얼마나 크단 말인가!

이것은 전혀 손쉬운 조건이 아니다. 그것은 수많은 실패를 겪은 이후에, 상당히 많은 기도를 드린 이후에, 한없이 기다린 이후에, 엄청난 믿음의 시련을 당한 이후에나 도달하게 되는 것이다. 그렇게 많은 일을 행하겠다고 보장하시는 이름 안에 있는 온갖 충만함을 깨닫고 받아들일 수 있을 때까지 우리의 믿음도 그렇게 자라나게 해야 한다.

우리 주님은 기도의 본질적인 기초로써 신뢰를 언급하고 계신다. 기도의 배경은 신뢰이다. 그리스도께서 전체적으로 자기 사역을 수행하신 것은 아버지 하나님에 대한 절대적인 신뢰에 의존하고 있었다. 그와 같은 신뢰의 중심은 하나님이시다. 기도를 어렵게 만드는 수많은 난관과 온갖 장애물은 신뢰와 그 후원자인 믿음이 연약할 때 발생한다.

신뢰가 온전하고 아무런 의심이 없을 때 기도는 단지 무엇이나 받을 준비가 된 앞으로 쭉 내민 손이나 마찬가지다. 온전한 신뢰는 온전한 기도이다. 신뢰는 구한 것을 받으리라고 바라보면서, 결국에는 그것을 얻게 한다. 신뢰는 하나님이 축복할 수 있고 축복할 것이라고 믿는 게 아니라 지금 여기에서 실제로 축복하신다고 믿는 것이다. 신뢰는 항상 현재시제로 진행된다. 소망은 미래를 향해 시선을 돌린다. 신뢰는 현재를 바라본다. 소망은 바라는 것이다. 신뢰는 소유하는 것이다. 신뢰는 기도로 요구하는 것을 받는다. 그러니까 기도가 필요한 곳에는 언제나 변함없는 풍성한 신뢰가 존재한다.

자기들이 보냄을 받은 일을 실행하는 데 있어서 통탄할 정도로 신뢰가 부족한 나머지, 결과적으로 그 일을 제대로 해내지 못한 제자들의 모습은 귀신들린 소년의 경우를 통해서 여실히 살펴볼 수 있다. 주님이 변화산에 계시는 동안 한 아버지가 귀신들린 아들을 제자들 가운데 데려왔다. 안타까울 정도로 괴로움을 당하는 아들이 고통에서 벗어나 치유받게 하려고 제자들에게 데려온 것이다. 제자들은 이와 같은 종류의 일을 감당하도록 보냄을 받았다. 이것은 제자들의 사명 가운데 일부였다.

그래서 제자들은 그 소년에게서 귀신을 쫓아내려고 시도했지만 처참하게 실패하고 말았다. 귀신은 제자들에게 너무 힘에 부치는 상대였다. 제자들은 그러한 실패로 굴욕을 당해 수치심으로 가득했지만 사탄은 승리의 환호성을 질러댔다. 귀신을 쫓아내지 못하는 혼란스러운 사건을 겪는 와중에 예수님이 다가오셨다. 예수님은 주변 환경을 살펴보시면서 그와 관련된 상황에 관해 이야기를 들으셨다. 여기에 그 이후로 이어지는 이야기가 있다(마 17:14-18, 막 9:14-29, 눅 9:37-43 참조).

"예수께서 대답하여 이르시되 믿음이 없고 패역한 세대여 내가 얼마나 너희와 함께 있으며 얼마나 너희에게 참으리요. 그를 이리로 데려오라 하시니라. 이에 예수께서 꾸짖으시니 귀신이 나가고 아이가 그때부터 나으니라. 이때에 제자들이 조용히 예수께 나아와 이르되 우리는 어찌하여 쫓아내지 못하였나이까. 이르시되 너희 믿음이 작은 까닭이니라. 진실로 너희에게 이르노니 만일 너희에게 믿음이 겨자씨 한 알 만큼만 있어도 이 산을 명하여 여기서 저기로 옮겨지라 하면 옮겨질 것이요 또 너희가 못할 것이 없으리라"(마 17:17-20).

"이르시되 기도 외에 다른 것으로는 이런 종류가 나갈 수 없느니라 하시니라"(막 9:29).

제자들의 문제는 무엇이었는가? 제자들은 기도를 통해 믿음을 키우는 데 게을렀으며, 그 결과 제자들의 신뢰는 완전히 실패로 돌아갔다. 제자들은 하나님이나 예수님을 제대로 신뢰하지 않았으며, 예수님의 사명이나 그 자신들의 사명에 대해서도 제대로 신뢰하지 않았다. 이러한 실패는 신뢰 부족으로 일어난 결과였고, 또한 연약한 믿음 때문에 초래된 일이었으며, 충분한 기도가 부족했기 때문에 일어난 결과였다.

부흥 운동에서 일어난 수많은 실패에서도 같은 이유를 발견할 수 있다. 믿음이 기도를 통해 키워지고 강해지지 못했기 때문이다. 내적인 골방을 무시하는 일이 대다수 영적인 실패를 겪는 자들의 선택이었다. 그리고 우리가 다 함께 귀신들을 쫓아내려고 시도했던 경우와 마찬가지로 이것은 사탄과 개인적으로 싸움을 벌일 때에도 역시 사실이다. 하나님과 개인적인 친교를 나누는 가운데 무릎을 많이 꿇는 것은 우리의 개인적인 싸움에서나 죄인들을 회심시키려고 애쓰는 과정에서 그분과 동행할 수 있는 유일한 보장이다.

백성들이 그분께 가까이 나아가는 과정에서 우리 주님은 그분에 대한 신뢰를, 그분의 사명에 담긴 신성에 대한 신뢰를 앞장세우신다. 그러나 우리 주님은 신뢰에 대해서 아무런 정의도 제시하지 않으셨으며, 신뢰에 대한 신학적인 논의나 분석도 제공하지 않으셨다. 사람들은 오직 믿음으로 말미암아 이루어진 일을 통해서만 믿음이 무엇인지 깨달을 수 있으리라는 것과 믿음을 자유롭게 행사함으로써 그분의 임재 가운데 신뢰가 자연스럽게 자라나게 된다는 사실을 너무나도 잘 알고 계셨기 때문이다. 그것은 그분의 일하심, 그분의 능력, 그분의 인격에 따른 산물이었다. 이러한 것들은 믿음이 발휘되고 성장하기에 가장 좋은 분위기를 제공하고 창출했다.

신뢰란 우리의 입으로 정의를 말하기에는 너무나 놀라울 정도로 단순하다. 이론적인 전문용어를 동원하여 설명하기에는 너무나 힘들 정도로 그냥 마음에서 우러나오는 자연스러운 것이다. 이와 같은 신뢰의 단순성은 오히려 많은 사람에게 깜짝 놀랄 정도로 충격을 던져주어 넘어지게 만드는 요인이 되었다. 그 사람들은 단지 어떤 위대한 일이 일어나는지 아닌지에만 관심을 둘뿐, 언제나 "말씀이 네게 가까워 네 입에 있으며 네 마음에 있다"(롬 10:8)라고 고백하지 못했다.

딸이 죽었다는 슬픈 소식이 야이로에게 들려왔을 때 우리 주님은 이렇게 덧붙이셨다. "두려워하지 말라." 그러고는 차분히 말씀하셨다. "그냥 믿기만 하라."

또한 우리 주님 앞에서 떨며 서 있던 혈루증을 앓는 여인에게 예수님은 이렇게 말씀하셨다.

"딸아 네 믿음이 너를 구원하였으니 평안히 가라. 네 병에서 놓여 건강할지어다"(막 5:34).

자기네 집으로 들어오기를 재촉하면서, 앞을 보지 못하는 두 사람이 따라왔을 때 우리 주님은 이렇게 말씀하셨다.

"예수께서 거기에서 떠나가실새 두 맹인이 따라오며 소리 질러 이르되 다윗의 자손이여 우리를 불쌍히 여기소서 하더니 예수께서 집에 들어가시매 맹인들이 그에게 나아오거늘 예수께서 이르시되 내가 능히 이 일 할 줄을 믿느냐. 대답하되 주여 그러하오이다 하니 이에 예수께서 그들의 눈을 만지시며 이르시되 너희 믿음대로 되라 하시니 그 눈들이 밝아진지라. 예수께서 엄히 경고하시되 삼가 아무에게도 알리지 말라 하셨으나 그들이 나가서 예수의 소문을 그 온 땅에 퍼뜨리니라"(마 9:27-31).

예수님이 가르치고 계실 때 친구 네 명이 지붕을 뚫고 중풍병 환자를 예수님 앞에 데려온 사건에 대해 복음서 기자들은 이런 식으로 기록하고 있다.

"침상에 누운 중풍병자를 사람들이 데리고 오거늘 예수께서 그들의 믿음을 보시고 중풍병자에게 이르시되 작은 자야 안심하라. 네 죄 사함을 받았느니라"(마 9:2).

종의 치료를 위해 예수님을 찾아온 백부장이 자기 집으로 꼭 오실 필요 없이 말씀만으로 치료해 달라는 간청을 했을 때 예수님은 백부장을 돌려보내면서 다음과 같이 말씀하셨다.

"예수께서 백부장에게 이르시되 가라. 네 믿은 대로 될지어다 하시니 그 즉시 하인이 나으니라"(마 8:13).

불쌍한 나병 환자가 예수님 발 앞에 엎드려 고쳐 달라고 울부짖으면서 "주여 원하시면 저를 깨끗하게 하실 수 있나이다"(마 8:2, 눅 5:12)라고 간청하자 예수님은 곧바로 그 요청을 받아들였으며, 이 사람은 큰 소리로 예수님께 영광을 돌렸다. 그 뒤에 예수님은 그 사람에게 이렇게 말씀하셨다. "일어나 가라. 네 믿음이 너를 구원하였느니라"(눅 17:19).

수로보니게 여인은 고통받는 딸을 위해 예수님을 찾아와서 "주여 저를 도와주소서"라고 간청했다. 그때 그 여인은 마치 딸의 고통을 자기의 고통처럼 여기며 두렵고도 끈질긴 싸움을 했다. 예수님은 이 여인의 믿음과 기도를 칭찬하면서 이렇게 말씀하셨다.

"이에 예수께서 대답하여 이르시되 여자여 네 믿음이 크도다. 네 소
원대로 되리라 하시니 그때로부터 그의 딸이 나으니라"(마 15:28).

제자들이 간질병에 걸린 소년에게서 귀신을 쫓아내는 일에 완벽
히 실패한 이후에, 그 소년의 아버지가 예수님을 찾아와 애처롭고
거의 절망적인 목소리로 울부짖을 때 예수님은 이렇게 반응하셨다.

"예수께서 그 아버지에게 물으시되 언제부터 이렇게 되었느냐 하
시니 이르되 어릴 때부터니이다. 귀신이 그를 죽이려고 불과 물
에 자주 던졌나이다. 그러나 무엇을 하실 수 있거든 우리를 불쌍
히 여기사 도와주옵소서. 예수께서 이르시되 할 수 있거든이 무
슨 말이냐. 믿는 자에게는 능히 하지 못할 일이 없느니라 하시니
곧 그 아이의 아버지가 소리를 질러 이르되 내가 믿나이다. 나의
믿음 없는 것을 도와주소서 하더라"(막 9:21-24).

앞을 보지 못하는 바디매오가 길가에 앉아 있다가 우리 주님이
지나가신다는 소리를 듣고 거의 절망적으로 외쳤다. "다윗의 자손이
여 나를 불쌍히 여기소서"(막 10:48). 그러자 우리 주님의 예리한 귀

는 기도하는 소리를 듣고 곧장 그 거지에게 이렇게 말씀하셨다. "가라. 네 믿음이 너를 구원하였느니라 하시니 그가 곧 보게 되어 예수를 길에서 따르니라"(막 10:52).

슬퍼하며 회개하는 여인이 눈물로 주님의 발을 씻기고 자기 머리카락으로 두 발을 닦는 모습을 보시면서 예수님은 기운을 북돋우고 영혼에 위로를 더해주는 말씀을 건네셨다. "네 믿음이 너를 구원하였으니 평안히 가라 하시니라"(눅 7:50).

어느 날 예수님이 한꺼번에 나병 환자 열 명을 고치셨는데, 그것은 "예수 선생님이여 우리를 불쌍히 여기소서"(눅 17:13)라는 합심 기도에 대한 응답이었다. 그리고 예수님은 이 사람들에게 가서 제사장들에게 보이라고 말씀하셨다. "그들이 가다가 깨끗함을 받은지라"(눅 17:14).

이 모든 일이 예수님의 말씀에 대한 강한 신뢰에서 비롯된 은혜였다. 그렇기에 마음에서 조금도 의심하지 않는 강한 신뢰를 가져야 한다. 그럴 때 비로소 우리의 모든 기도는 바로 그때 거기에서 분명히 받게 되는 은혜를 누리게 된다.

소망이란 그냥 단순한 바람이 아니다. 그것은 무엇을 얻고자 하는 뿌리 깊은 갈망이며 강렬한 열망이다. 영적인 세계에서 일어나는 일들과 관련해서 소망은 기도에 더해지는 중요한 첨가물이다. 그것이 너무나 중요한 나머지, 소망은 기도의 절대적이고 본질적인 요소라고까지 말할 수 있다. 소망은 기도에 선행하고 기도를 동행하며 뒤따르기도 한다. 소망은 기도에 앞서 가고 기도 곁에 서서 함께 가며 기도를 창출하면서 강화하기도 한다.

기도는 소망을 입으로 표현하는 것이다. 만약 기도가 하나님께 어떤 것을 달라고 요구하는 일이라면 그 기도는 반드시 표현되어야 한다. 기도는 입 밖으로 공공연히 드러내야 한다. 그러나 소망은 아무 말도 하지 않는다. 기도 소리는 들리지만 소망은 들리지 않는다. 소망이 깊어질수록 기도는 더욱 강해진다. 소망이 없다면 기도는 별다른 의미 없이 이런저런 말들을 웅얼거리는 행위에 지나지 않는다. 아무런 마음이나 느낌이나 실제적인 소망이 수반되지 않고, 그냥 습관적이고 형식적으로 기도하는 행위는 마치 전염병처럼 얼른 피해야 한다. 그와 같은 짓을 반복하는 것은 시간 낭비일 뿐이며, 그로부터 아무런 실제적인 축복도 내려지지 않는다.

그러나 비록 소망이 없다는 사실을 발견한다 하더라도 우리는 어떻게 해서든지 기도해야 한다. 우리는 무조건 기도해야 한다. 그와 같은 '당위성'은 소망과 표현을 둘 다 키우는 데 필요하다. 하나님의 말씀이 그것을 명령하고 있기 때문이다. 그러나 우리의 이성은 우리가 그렇게 하고 싶은 느낌이 있는지 없는지 기도해 봐야 한다고 말한다. 또한 우리의 느낌이 우리 기도의 습관을 마음대로 결정하도록 내버려 두면 안 된다고 말한다.

아무리 그러한 환경이라도 우리는 기도하려는 소망이 생겨나기를 기도해야 한다. 그러한 소망은 하나님이 허락하시는 것이며, 하늘에서 생겨나는 일이기 때문이다. 우리는 소망을 위해 기도해야 한다. 그다음으로 소망이 허락되었을 때 우리는 그 소망의 지시에 따라 기도해야 한다. 영적인 소망의 부족은 분명히 우리를 슬프게 할 것이며, 그 부재를 한탄하도록 이끌 것이다. 그래서 소망이 생겨나도록 간절히 애쓰게 할 것이며, 그 결과로 우리의 기도가 영혼의 절절한 소망을 표현하는 것으로 바뀌게 할 것이다.

필요에 대한 인식은 간절한 소망을 일으킨다. 하나님 앞에서 필요에 대한 인식이 점점 더 강해질수록 그 소망은 점점 더 커질 수밖에 없으며, 우리의 기도는 더욱더 간절해질 수밖에 없다. 그렇기에 심령이 가난한 자는 대단히 능숙하게 기도한다.

배고픔은 신체적인 필요를 적극적으로 인식하는 것이다. 배고픔은 먹을 것에 대한 욕구를 촉발한다. 그와 같은 방식으로 영적인 필요에 대한 내적인 의식은 소망을 일으키며 기도가 터져 나오게 한다. 소망은 현재 우리가 소유하지 못한 것에 대한, 우리의 필요에 대한, 더 나아가 하나님이 약속하신 것에 대한, 그리고 은혜의 보좌 앞으로 나아가 간절히 간구함으로써 보장될 수 있는 것에 대한 내적인 갈망이다.

더 높은 수준으로 나아가도록 이끌어주는 영적인 소망은 중생(重生)의 증거이다. 그것은 다시 새롭게 태어난 영혼에게서 저절로 생겨난다.

"갓난아기들같이 순전하고 신령한 젖을 사모하라. 이는 그로 말미암아 너희로 구원에 이르도록 자라게 하려 함이라"(벧전 2:2).

그 마음속에 이와 같은 거룩한 소망이 없다는 것은 영적인 열정을 점차 느끼지 못하고 있거나 지금까지 전혀 중생이 일어나지 않았다는 증거라고 추정할 수 있다.

"의에 주리고 목마른 자는 복이 있나니 그들이 배부를 것임이요" (마 5:6).

이처럼 하늘에서 내려주시는 욕구는 다시 새로워진 심령이라는 증거이자 감동적인 영성생활을 영위하고 있다는 증표이다. 신체적인 욕구는 송장이 아니라 살아 있는 몸에서 나타나는 특질인 것과 마찬가지로, 영적인 소망도 우리의 영혼에 속한 것으로 우리를 하나님에 대해서 살아 있게 한다. 또한 다시 새로워진 영혼이 의에 주리고 목마른 것과 마찬가지로 이처럼 거룩한 내면의 소망은 간절히 부르짖는 기도가 터져 나오게 한다.

기도하는 과정에서 우리는 대제사장이신 예수 그리스도의 이름, 공로, 그리고 중보하시는 미덕을 점점 더 많이 의지하게 된다. 이처럼 기도하는 과정에서 수반되는 상황과 힘의 밑바탕을 자세히 살펴보면서 우리는 오히려 인간의 마음속에 자리 잡은 필수적인 기초로 나아가게 된다. 그것은 단지 우리의 필요가 아니다. 그것은 우리에게 필요한 것에 대한 마음의 갈망이다. 또한 우리가 기도할 수밖에 없다고 느끼게 하는 것에 대한 마음의 갈망이다.

소망이란 실행 중인 의지이다. 어떤 엄청나게 좋은 것에 대해 내적인 본성을 깨우치게 하는 의식적이고 강력한 갈망이다. 소망에는 선택도, 집념도, 불꽃도 있으며, 이런 소망에 기초한 기도는 더욱 명쾌하고 구체적이다. 그렇기에 기도는 소망의 필요성을 잘 알고 있으며, 소망을 충족시키는 일이 무엇인지 알아보기도 하며, 소망을 얻기 위해 재촉하기도 한다.

거룩한 소망은 경건한 명상을 통해 상당히 많은 도움을 받는다. 우리의 영적인 필요와 이를 교정하시는 하나님의 예비하심과 능력에 대한 묵상은 우리의 소망이 꾸준히 자라나도록 돕는다. 기도하기 전에 진지한 생각에 빠져드는 것은 소망을 키우고, 소망이 더욱 꾸준히 지속될 수 있게 하며, 사적인 기도, 곧 이리저리 방황하는 생각의 위협으로부터 우리를 구해주는 역할을 한다. 우리는 흔히 경솔하게 겉으로 표현하기 쉽지만 차분히 마음속으로 소망을 품지 못하는 모습을 보여준다. 우리가 겉으로 드러나는 형식을 붙잡고 있는 동안 내적인 삶은 서서히 시들해져서 거의 죽어버릴 지경이다.

누구든지 이렇게 물어볼 수 있다. 하나님, 성령님, 그리고 예수 그리스도의 모든 충만한 것에 대한 우리의 소망이 그다지 강하지 않은 탓에 우리가 그토록 많이 기도하지 않을 뿐만 아니라 우리가 기도를 제대로 실행하지 못하는 것은 아닌가? 과연 우리는 천국 보화에 대한 소망으로 말미암아 우리의 가슴이 쿵쿵 뛰는 것을 느끼고 있는가? 그런 식으로 탄생한 소망의 탄식이 과연 우리의 영혼을 격동시켜서 강력한 싸움으로 인도하고 있는가? 아, 슬프게도 우리는 그렇지 못하다! 그 불꽃이 대체로 너무나 힘없이 타오르고 있다. 우리 영혼의 타오르는 열기는 너무나 시들해져서 차지도 덥지도 않을 정도로 미적지근해져 있다.

우리가 반드시 기억해야 할 점은 이것이 바로 라오디게아 교인들이 가엾고 절망적인 상황에 부닥쳤던 주원인이었다는 사실이다. 그 사람들을 향한 끔찍한 저주는 이런 식으로 기록되어 있다.

> "네가 말하기를 나는 부자라. 부요하여 부족한 것이 없다 하나 네 곤고한 것과 가련한 것과 가난한 것과 눈먼 것과 벌거벗은 것을 알지 못하는도다. 내가 너를 권하노니 내게서 불로 연단한 금을 사서 부요하게 하고 흰 옷을 사서 입어 벌거벗은 수치를 보이지 않게 하고 안약을 사서 눈에 발라 보게 하라"(계 3:17-18).

다시금 우리는 이렇게 물어 볼 수 있다. 과연 우리에게 하나님과 친밀한 교통으로 나아가도록 몰아붙이는 그와 같은 소망이 있는가? 이루 다 말로 표현할 수 없이 불타오르는 열정으로 가득하며, 강하게 우리 영혼을 격동시키는 간구로 말미암은 고뇌를 통해 우리를 단단히 붙잡고 있는 그와 같은 소망이 있는가?

그렇기에 우리의 마음은 나쁜 것을 없애기 위해서 뿐만 아니라 좋은 것을 불어넣기 위해서 더욱 열심히 노력해야 한다. 이 같은 우리 영혼의 거룩하고 강렬한 노력은 천국에 관한 관심을 일깨우고, 하나님에 대한 주의를 끌게 하며, 그것을 보여주는 사람들의 뜻대로 끝없는 하나님의 거룩한 은혜에 자신을 내맡기게 한다.

거룩한 소망의 불꽃에 물을 뿌리는 것은 교회생활에 꼭 필요한 진취적인 힘을 파괴한다. 그 결과로 하나님은 불꽃처럼 타오르는 교회가 자신을 대표하기를 요구하시지만 교회는 어떤 의미에서도 전혀 하나님을 대표하지 못한다. 하나님 자신이 활활 타오르고 있어서 만약 교회가 하나님을 닮고 싶어 한다면 교회 역시 가장 뜨겁게 달아올라야 한다. 하늘에서 탄생한, 하나님이 허락하신 신앙에 대한 위대하고 영원한 관심은 그분의 교회에 불을 붙일 수 있는 유일한 원동력이다.

그렇다고 해서 거룩한 열정을 불태우기 위해 안달복달할 필요는 없다. 우리 주님은 불안해하는 감수성과는 정반대로 성육신하셨으며, 너그럽지 못하거나 떠들썩한 웅변과는 매우 상반되는 모습을 보이셨다. 하지만 하나님의 집에 대한 열심이 그분 자신을 불태웠으며, 그리하여 온 세상은 여전히 격렬하게 타오르는 그분의 불꽃으로 말미암아 열기를 느끼고 있고, 그에 대해 점점 커지는 준비와 늘어

나는 반응으로 응답하고 있다.

기도에서 열정이 부족한 것은 깊고 강한 소망이 부족하다는 확실한 증거이며, 강렬한 소망이 부족한 것은 그 마음에 하나님이 없다는 확실한 증거이다! 열정이 약해지는 것은 하나님으로부터 뒤로 물러나는 것이다. 물론 하나님은 그분의 자녀들에게서 나타나는 질병과 잘못이라고 할 만한 많은 것을 용인하실 수 있으며 실제로 그렇게 하신다. 하나님은 참회하는 자가 기도할 때 죄를 용서하실 수 있으며 실제로 그렇게 하시지만, 오직 두 가지 일에 대해서는 화를 내신다. 그것은 바로 불성실과 미적지근함이다. 마음이 없고 열정이 없는 것, 이것이 바로 하나님이 가장 싫어하시는 두 가지 모습이다. 그래서 하나님은 라오디게아 사람들을 혹독하게 꾸짖으셨다.

> "내가 네 행위를 아노니 네가 차지도 아니하고 뜨겁지도 아니하도다. 네가 차든지 뜨겁든지 하기를 원하노라. 네가 이같이 미지근하여 뜨겁지도 아니하고 차지도 아니하니 내 입에서 너를 토하여 버리리라"(계 3:15-16).

이것은 불같이 타오르는 열정이 부족한 것에 대해 하나님이 표현하신 심판이었으며, 거룩한 열심이 치명적으로 부족한 각각의 그리스도인들을 향한 하나님의 신랄한 꾸짖음이기도 했다. 불꽃처럼 타오르는 열정은 기도의 원동력이다. 불같은 열정을 함부로 드러내지 말라고 강요하는 종교적인 원리는 아무런 힘도, 영향력도 없다. 불같은 열정은 믿음을 날아오르게 하는 날개이다. 뜨거운 열정은 기도하는 영혼에게 꼭 필요하다. 큰 효과를 나타내는 기도는 바로 '뜨겁고, 능력 있는 기도'이다.

사랑도 역시 뜨거운 불꽃 속에서 타오르게 되며, 뜨거운 열정이야말로 사랑의 생명이다. 불꽃처럼 뜨거운 열정은 참된 그리스도인의 체험이 살아 숨 쉬게 하는 공기나 마찬가지다. 뜨거운 불꽃은 강한 불길을 더 타오르게 만든다. 뜨거운 불꽃은 희미한 불꽃 때문에 시들해지지 않고 무엇이든 이겨낼 수 있지만, 주변 분위기가 지나치게 썰렁하고 미적지근할 때는 그 생명력을 잃어버리고 냉랭해지면서 점차 죽어가게 된다.

참된 기도는 반드시 불타올라야 한다. 그리스도인의 삶과 성품은 활활 타올라야 한다. 영적인 열기가 부족하면 단순히 믿음이 부족한 것보다 훨씬 더 많은 죄를 짓게 된다. 천상의 일에 열렬히 관심을 기울이지 않는 것은 거기에 전혀 관심을 드러내지 않는 것이나 마찬가지다. 불꽃처럼 타오르는 영혼은 폭력으로 하나님의 나라에 고통을 주고 무력으로 그 나라를 빼앗은 자들과도 담대히 싸워서 승리를 거두는 사람들이다. 하나님의 요새는 오직 지독할 정도의 열정으로 쳐들어가는 자들, 조금도 수그러들지 않는 불같은 열심으로 그

곳을 포위하는 자들이 빼앗게 된다.

하나님을 위해 시뻘겋게 달아오르기에 부족한 어떤 것도 이처럼 냉랭한 시대에 우리의 마음속에서 천국의 광채를 계속해서 지켜낼 수 없게 만든다. 초기 감리교도들의 교회 안에는 뜨겁게 타오르는 요소가 하나도 없었다. 그래서 감리교도들은 회중석에서 튀어나오는 불꽃과 강단에서 타오르는 불이 자신들을 뜨겁게 만들기에 충분하도록 타올라야 한다고 선포했다. 이 시대의 우리에게도 하나님의 제단에서 타오르고 있는 석탄과 우리의 마음속을 환하게 비추도록 하늘에서 타오르는 불꽃이 필요하다. 이 불꽃은 정신적인 열의나 육신적인 에너지가 아니다. 그것은 강력하게 모든 찌꺼기까지 완전히 태워버리는 우리 영혼의 거룩한 불, 곧 하나님의 성령으로부터 나오는 바로 그 본질이다.

어떤 학식도, 어떤 순수한 말씨도, 어떤 폭넓은 세계관도, 아무리 유창한 이야기꽃을 피워도, 어떤 사람의 은혜도 그와 같은 영혼의 불꽃이 부족한 것에 대해서 속죄할 수 없다. 기도는 그러한 불꽃을 통해 올라간다. 그러한 불꽃은 기도에 날개를 달아줄 뿐만 아니라 통로를 열어주며, 기도의 에너지뿐만 아니라 기도가 받아들여지게 한다. 그러한 불꽃 없이는 향내도 없으며, 그러한 불꽃 없이는 기도도 없다.

열렬한 소망은 쉬지 않고 이어지는 기도의 기초이다. 그와 같은 소망은 얄팍하고 변덕스러운 성향이 아니라 우리의 마음에 가득 스며들어 빛을 발하며 활활 타오르면서 점차 가다듬게 되는 강력한 외침이자, 억누를 수 없는 열정이다. 그 소망은 하나님에게까지 치솟아 오르는 현재의 진취적인 원리라는 불꽃이다. 자비의 보좌로 나아가는 길을 불태우며 결국 거기에서 답변을 듣게 되는 것은 소망으로 말미암아 강화되는 열정이다.

기도라는 거대한 전쟁에서 싸움을 벌일 때마다 승리를 거두게 하는 것은 끈덕진 소망이다. 치열한 전투에서 막 벗어난 우리의 영혼을 깨어나게 해서 들썩이게 하며, 고요함에서 벗어나게 하는 것 역시 진중한 소망이라는 부담감이다. 수많은 탄원으로 기도를 무장시킬 뿐만 아니라 아무도 꺾을 수 없는 용기와 모든 것을 정복할 수 있는 능력으로 기도를 옷 입히는 것도 바로 소망이라는 포용의 성품이다.

수로보니게 여인은 소망에 대한 객관적인 교훈으로써 그와 같은 소망을 일관된 태도로 보여주었다. 그리고 그 소망의 강도와 끈질긴 담대함으로 그 누구도 물리칠 수 있었다. 이처럼 끈질긴 과부는 쉽게 이겨낼 수 없는 장애물을 넘어 끝까지 자기 목적을 성취하는 소망을 대표한다.

기도는 단순히 어떤 수행 과제를 반복적으로 연습하는 게 아니다. 또한 아무런 개념 없이 떠들썩한 소리를 널리 퍼뜨리는 것도 아니다. 우리의 영혼에 불을 붙이는 동시에 갈구하는 대상을 단단히 붙잡는 일이다. 기도는 영적인 습관 가운데 없어서는 안 될 양상이 기는 하지만 단지 습관적으로 반복될 때는 결국 기도를 멈출 수밖에 없게 된다. 기도의 강도와 깊이는 영적인 소망의 깊이와 강도에 달려 있기 때문이다. 어떤 거대한 소망이 불타올라서 걷잡을 수 없게 될 때 우리의 영혼은 도저히 무기력해질 수가 없다. 우리를 사로잡는 절박한 소망은 결코 줄어들거나 느슨해지지 않는 끈기로 바라는 것을 단단히 붙잡는다. 그와 같은 소망은 계속 우리에게 머물면서 간절히 바라고, 집요하게 요구하면서 기어코 축복받기까지 절대 그냥 놓아주지 않는다.

주님, 당신이 축복을 허락해주실 때까지
저는 당신을 그냥 놓아드릴 수 없어요.
당신의 얼굴을 저에게서 돌리지 마소서.
제 간청은 너무나 간절하기 때문입니다.

기도하면서 나타나는 은밀한 심약함, 끈기 부족, 용기의 결핍 따위는 영적인 소망이 약한 탓이지만 기도를 제대로 이행하지 않는 것은 소망이 살아 있지 못하다는 두려운 표시이다. 그와 같은 영혼은 하나님으로부터 돌아서서 하나님을 추구하는 소망이 더는 우리 영혼의 내실로 몰아가지 못하게 만든다. 불타오르는 소망 없이는 응답 받는 기도가 있을 수 없다. 물론 어떤 종류의 소망 없이도 겉으로는 매우 간절히 기도하는 것처럼 보일 수도 있다.

수많은 것이 그런 식으로 분류될 수 있으며, 수많은 땅이 그런 식으로 뒤덮여 있을 수도 있다. 그러나 소망이 과연 그와 같은 부류에 속하겠는가? 소망이 정말로 그와 같은 지역을 그냥 뒤덮고 있다고 생각할 수 있겠는가? 그에 관한 대답으로 우리가 탄원하는 것들이 기도 일부에 속하는 일인지를 생각해보라. 소망은 강하지만 협소하다. 소망은 더 넓은 지역으로 퍼져나갈 수 없다. 소망에는 몇 가지가 부족한데, 그것들이 너무나 심각하게 부족해서 오직 응답하기를 기뻐하시는 하나님의 기꺼운 마음만이 평안이나 만족을 가져다줄 수 있을 뿐이다.

소망은 그 목표에 맞게 일회성이다. 수많은 것을 소망할 수 있고, 그것들은 구체적이며, 개별적으로 느껴지고 표현된다. 다윗은 모든 것을 달라고 부르짖지 않았다. 또한 다윗은 자기의 소망이 곳곳으로 퍼져나가 아무것도 이루지 못하도록 가만히 내버려두지 않았다. 여기에 다윗의 소망이 달려간 길과 소망을 구하는 표현 방식이 있다.

"내가 여호와께 바라는 한 가지 일 그것을 구하리니 곧 내가 내

평생에 여호와의 집에 살면서 여호와의 아름다움을 바라보며 그의 성전에서 사모하는 그것이라"(시 27:4).

여기서 기도에 착념할 수 있게 만든 것은, 채워주셔야 할 핵심적이고 중심적인 주제로 직접 기도를 몰아간 것은 바로 이 한 가지 소망, 바로 이 명확한 부르짖음이었다.

예수님은 산상수훈 가운데 팔복에서, 새로워진 영혼의 타고난 소망에 대해서 그 소망이 허락될 것이라는 약속에 목소리를 높이셨다. "의에 주리고 목마른 자는 복이 있나니 그들이 배부를 것임이요"(마 5:6).

그러니까 이것은 응답될 수밖에 없는 기도의 기초이며, 강력한 내적인 소망이 영적인 욕구로 들어가 떠들썩한 부르짖음이 충족되는 기도의 기초이기도 하다. 아, 우리에게 얼마나 슬픈 일이란 말인가! 우리의 기도는 대개 단순한 바람이라는 아주 무미건조한 영역에서 진행되거나, 암기한 기도나 기록된 기도라는 생명 없는 영역에서 이루어지는 것이 너무나 빈번한 현실이라니! 때때로 우리의 기도는 단지 정해진 양상대로 단순히 정형화된 표현들이며, 지극히 인습적인 영역에 머물러 있어서 그 참신함과 생명력은 이미 오래전에 사라져 버리고 말았다.

소망 없이는 어떤 영혼의 짐도 느낄 수 없고, 어떤 필요도 감지할 수 없으며, 어떤 열정도, 어떤 비전도, 어떤 믿음의 광채도 있을 수 없다. 목숨을 걸고 온 힘을 다해 절망적으로 움켜잡으면서 하나님을 붙잡아야겠다는 강력한 부담을 느끼지도 않는다.

"당신이 내게 축복하지 아니하면 가게 하지 아니하겠나이다"(창 32:26).

모든 것을 태워버릴 정도로 절망적이고 끈질기게 간구하면서 느끼는 극심한 고통 가운데 목숨을 걸고 부르짖었던 모세가 그랬던 것처럼 철저한 자기 포기도 있을 수 없다.

"그러나 이제 그들의 죄를 사하시옵소서. 그렇지 아니하시오면 원하건대 주께서 기록하신 책에서 내 이름을 지워 버려주옵소서"(출 32:32).

또한 종교개혁자 존 낙스(John Knox)가 이렇게 간구했던 모습도 찾아볼 수 없다. "저에게 스코틀랜드를 주옵소서. 그렇지 않으면 제가 죽겠나이다!"

하나님은 기도하는 영혼에게 매우 가까이 다가오신다. 하나님을 만나보는 것, 하나님을 아는 것, 하나님을 위해 살아가는 것, 이것은 모두 참된 기도의 목적을 이룬다. 그러니까 다른 무엇보다도 기도는 하나님을 찾기 위해 영감을 받아야 한다. 기도에 대한 소망은 하나님을 만나보기 위해, 하나님에 대해 더 분명한, 더욱 충분한, 더욱 달콤한, 더욱 풍성한 계시를 얻기 위해 불타올라야 한다. 이렇게 기도하는 사람들에게 우리 영혼의 내실에서 뿜어 나오는 빛과 계시로 말미암아 성경은 전혀 새로운 책으로 변할 것이며, 예수님은 새로운 구세주로 변하게 될 것이다.

하나님의 성령께서 허락하시는 가장 좋고 가장 강력한 은사와 은혜를 달라고 끊임없이 간구하라. 점점 확대되면서 불타오르는 소망은 진실하고 능력 있는 기도의 합법적인 유산이다. 자아와 섬김은 서로 나누어질 수 없으며, 성공적으로 분리될 수도 없다. 그 이상이다. 소망은 지극히 개인적인 것이 틀림없으며, 하나님과 그분의 의에 대해 결코 만족할 줄 모르는 목마름으로 하나님께 초점을 맞추고 있다. "내 영혼이 하나님 곧 살아 계시는 하나님을 갈망하나니 내가 어느 때에 나아가서 하나님의 얼굴을 뵈올까"(시 42:2). 모든 진실한 기도에 꼭 필요한 전제 조건은 하나님을 찾으면서 천국에서 내려오는 최상의 은사가 부요하고 풍성하게 허락될 때까지 절대 만족하지 않는 뿌리 깊은 소망에 있다.

내가 진실로 너희에게 이르노니 누구든지
이 산더러 들리어 바다에 던져지라 하며
그 말하는 것이 이루어질 줄 믿고
마음에 의심하지 아니하면 그대로 되리라.
그러므로 내가 너희에게 말하노니 무엇이든지
기도하고 구하는 것은 받은 줄로 믿으라.
그리하면 너희에게 그대로 되리라.
마가복음 11:23-24

"만일 너희가 믿음이 있고 의심하지 아니하면 이 무화과나무에게
된 이런 일만 할 뿐 아니라 이 산더러 들려 바다에 던져지라 하여도 될 것이요
너희가 기도할 때에 무엇이든지 믿고 구하는 것은 다 받으리라"(마 21:21-22).

:
:

끈질긴 간청으로
거침없이 나아가고

열정 없는 기도는 영적 능력에 대해 아무 일도 못 한다. 그런 기도는 빈손으로 돌아온다. 십자가에 매달리는 교훈을 전혀 배우지 못한 손 역시 공허할 뿐만 아니라 무기력하다. 왜냐하면 아무것도 내걸 만한 것이 없기 때문이다.

열정 없는 기도는 아무런 마음이 없는 것이다. 그것은 공허한 마음이며 적절하지 못한 그릇이다. 모든 실질적인 기도에서는 마음, 영혼, 생명이 저마다 각기 제자리를 찾아야 한다. 하나님을 향한 울부짖는 힘을, 열정을 천국에서 느낄 수 있도록 해야 한다.

사도 바울은 뜨거운 기도의 영을 소유했던 사람의 주목할 만한 본보기이다. 바울의 간구는 모든 삶을 불태우는 것이었으며, 자신이 소망하는 목표와 그것을 채우실 수 있는 하나님께 흔들리지 않는 집중력을 보여주었다.

기도는 반드시 시뻘겋게 타올라야 한다. 능력이 나타나고 유용성이 있는 기도는 바로 뜨거운 기도이다. 냉랭한 영은 기도를 방해한다. 기도는 썰렁한 분위기에서는 살아남을 수 없다. 쌀쌀한 분위기로 둘러싸인 곳은 간절한 탄원을 몰아낼 뿐만 아니라 간구의 샘물을 마르게 한다. 기도가 제대로 풀리게 하기 위해서는 뜨거운 불길이 필요하다. 따뜻한 영혼은 기도에 유리한 분위기를 만들어낸다. 그것이 우리의 열정에 좋기 때문이다. 타오르는 불꽃으로 기도가 천국으로 올라가게 된다. 그러나 이 불길은 호들갑을 떠는 것도 아니고, 지나치게 뜨거운 열기도, 소음도 아니다. 적절한 열기는 강렬함, 곧 밝은 빛을 내면서 활활 타오르는 것이다. 천국 시장에서 차가운 얼음을 구하기란 대단히 힘들다.

하나님은 따뜻한 마음을 지닌 종을 원하신다. 성령은 불로 임하시어 우리 안에 머물러 계신다. 우리는 성령과 불로 세례를 받아야 한다. 열정은 우리 영혼의 온기에서 나온다. 반면 냉기는 생명에 관련된 경험을 위해서는 혐오스러운 것이다. 만약 우리의 신앙이 우리에게 불을 붙이지 않는다면 그것은 우리에게 꽁꽁 얼어붙은 마음이 자리 잡고 있기 때문이다. 하나님은 불꽃 가운데 머물러 계신다. 성령은 불로 강림하신다. 하나님의 뜻에 흠뻑 빠져드는 것, 그것을 너무나 간절히 원해서 우리의 전 존재를 불태우는 것이야말로 능력 있는 기도에 빠져드는 사람에게 요구되는 가장 중요한 전제조건이다.

주님은 낙심한 기도에 대해서 우리에게 경고하신다. 그분은 이렇게 선포하셨다. "항상 기도하고 낙심하지 말라"(눅 18:1). 이것은 우리가 오랫동안 지독할 정도로 간구하는 기도를 계속해서 올려드리기에 충분한 열정을 소유해야 한다는 뜻이다. 불은 사람을 바짝 경계시켜 조금도 방심하지 않게 하며, 어떤 침입자가 쳐들어와도 이기게 만든다. 그러나 지금 우리는 힘없이 축 늘어진 기도 때문에 단한 발짝도 앞으로 나아가지 못하도록 가로막는 힘에 너무나 무겁게 붙잡혀 있다. 하나님이 성도들과 빛 가운데 머물러 계신 저 위쪽 천국으로 그와 같은 기도를 밀어 올리기 위해서는 열기, 열정, 눈부신 불꽃이 필요하다.

성경에 나오는 위대한 등장인물 가운데 많은 사람은 하나님을 찾아 헤매는 뜨거운 영을 소유한 주목할 만한 본보기를 보여준다. 시편 기자는 굉장히 간절한 마음으로 이렇게 선포하고 있다.

"자나깨나 당신의 결정을 갈망하다가 내 영혼이 지쳤사옵니다" (시 119:20, 공동번역).

얼마나 강력한 마음의 소원이 여기에 자리 잡고 있단 말인가! 살아계신 하나님의 말씀에 대한 이 얼마나 간절한 영혼의 갈망이란 말인가!

시편 기자는 또 다른 곳에서 이보다 훨씬 더 커다란 열망을 표현하고 있다.

"하나님이여 사슴이 시냇물을 찾기에 갈급함같이 내 영혼이 주를 찾기에 갈급하니이다. 내 영혼이 하나님 곧 살아계시는 하나님을 갈망하나니 내가 어느 때에 나아가서 하나님의 얼굴을 뵈올까. 사람들이 종일 내게 하는 말이 네 하나님이 어디 있느뇨 하오니 내 눈물이 주야로 내 음식이 되었도다"(시 42:1-3).

이것이 바로 은혜 가운데 살아가면서 자기 영혼 속에서 깊이 있게, 초자연적으로 일했던 사람이 고백한 말이다.

하나님 앞에서 나타나는 열정은 기도 시간으로 헤아릴 수 있으며, 그 사람의 손으로 바로 풍성한 보상을 받게 된다. 시편 기자는 어떤 왕이 마음을 주님께로 돌렸을 때 하나님이 그 왕에게 행하신 일에 관해 다음과 같은 진술을 우리에게 전해준다.

"여호와여 왕이 주의 힘으로 말미암아 기뻐하며 주의 구원으로 말미암아 크게 즐거워하리이다. 그의 마음의 소원을 들어주셨으

며 그의 입술의 요구를 거절하지 아니하셨나이다(셀라). 주의 아
름다운 복으로 그를 영접하시고 순금 관을 그의 머리에 씌우셨
나이다"(시 21:1-3).

또 다른 때에 시편 기자는 자신의 간청을 매우 좋아하시는 하나
님께 이렇게 고백했다.

"주여 나의 모든 소원이 주 앞에 있사오며 나의 탄식이 주 앞에
감추이지 아니하나이다"(시 38:9).

이 얼마나 기운을 북돋우는 고백이란 말인가! 우리 내면의 탄성,
우리의 은밀한 소망, 우리 마음의 갈망은 우리가 기도하면서 언급해
야 하는 주님의 눈에서 숨길 수가 없다.

하나님 앞에서 뜨거운 영을 유지하면서 얻는 혜택은 지속적이고
간절한 기도에 따른 혜택과 똑같다. 열정이 기도 자체는 아니지만
그 열정은 간절한 영혼으로부터 흘러나오며, 그것은 하나님의 눈에
매우 귀하게 보인다. 기도에서 열정은 하나님이 응답의 형태로 일하
시도록 이끄는 전조이다. 하나님은 우리가 기도하는 가운데 그분의
얼굴을 구할 때 보여주는 우리 영의 열정에 비례하여 우리 마음의
소망을 허락하시겠다고 굳게 서약하신 상태이다.

열정은 우리의 두뇌, 또는 사고 영역 가운데 지적인 능력이 아니라 우리의 마음속에 자리를 잡는다. 열정은 지성의 표현이 아니다. 영의 뜨거움은 시적인 상상력이나 감상적인 형상화를 훨씬 초월하는 어떤 것이다. 그것은 단순한 선호도나 호불호 사이의 대조를 넘어서는 다른 어떤 것이다. 열정이란 정서적인 본성의 고동이자 몸짓이다.

아마도 영의 뜨거움을 만들어내는 것은 우리 능력이 아니지만 우리는 그것을 불어넣어 달라고 하나님께 기도할 수 있다. 그 이후로 이와 같은 열정을 키우고 소중히 간직하며, 소멸시키지 않도록 지켜내고, 약화되거나 쇠퇴하지 않도록 막아내는 일은 우리의 책임이다. 개인적인 구원의 과정은 하나님께 우리의 소원을 기도하고 표현하는 것일 뿐만 아니라 뜨거운 영을 획득하고 온갖 적절한 수단을 동원하여 그것을 키워내기 위해 애쓰는 것이다. 뜨거운 기도의 영이 우리 안에서 생겨나고, 그것이 생생하게 살아 있도록 지켜 달라고 하나님께 기도하는 일은 절대 부적절한 행함이 아니다.

기도와 마찬가지로 열정도 하나님과 긴밀하게 관련되어 있다. 소망에는 항상 어떤 목적이 있다. 만약 우리가 무엇인가 바라는 게 있다면 그것은 무언가를 소망하는 것이다. 우리 자신이 어떤 영적인 소망을 갖는 열정의 정도는 우리 기도의 간절함을 결정하도록 도와준다. 이와 관련해서 미국 최초의 해외선교사인 아도니람 저드슨은 이렇게 말했다.

> "애통해 하는 영, 엄청나게 부담스러운 소망으로 말미암은 극심
> 한 고통은 기도에 속하는 것이다. 잠을 내쫓아버리기에 충분할
> 정도로 강력한 열정, 그와 같은 영에 몰두하여 불타오를 뿐만 아
> 니라 이 세상의 모든 유대 관계에서 물러나게 하기에 충분할 정
> 도로 강렬한 열정, 이 모든 것은 열정적으로 설복하는 기도에 속
> 한 것이다. 기도의 성령님, 능력, 분위기, 그리고 자양분은 바로
> 그러한 영에 달려 있다."

기도는 반드시 열정, 강력한 힘, 능력으로 옷 입어야 한다. 하나
님께 집중해서 이 세상의 선을 위해 자신의 균형을 맞추는 것이 바
로 그 힘이다. 뜨거운 영을 소유한 사람은 의, 진리, 은혜, 그리고 온
갖 다른 숭고하고 강력한 은혜를 얻는 데 열중하게 된다. 그런 것들
은 의심할 수 없을 만큼 진실한 하나님의 자녀에게 나타나는 성품을
장식하게 된다.

한번은 하나님이 용감한 선지자의 입을 통해 한때 하나님께 진
실했지만, 성공과 물질적인 번영을 이루자 곧바로 믿음을 잃어버린
왕에게 다음과 같은 메시지를 선포하셨다.

"여호와의 눈은 온 땅을 두루 감찰하사 전심으로 자기에게 향하는 자들을 위하여 능력을 베푸시나니 이 일은 왕이 망령되이 행하였은즉 이후부터는 왕에게 전쟁이 있으리이다"(대하 16:9).

하나님이 초창기에는 아사 왕의 기도를 들으셨지만, 그 이후로 아사 왕이 기도와 단순한 믿음의 삶을 포기했기 때문에 재앙이 닥치고 고난이 찾아왔다.

로마서 15장 30절에서 사도 바울은 "형제들아 내가 우리 주 예수 그리스도와 성령의 사랑으로 말미암아 너희를 권하노니 너희 기도에 나와 힘을 같이하여 나를 위하여 하나님께 빌어" 달라고 요청하는 과정에서 "너희 기도에 나와 힘을 같이하여"(strive)라는 표현을 사용했다.

골로새서 4장 12절에서도 우리는 같은 단어를 좀 다르게 번역해 놓은 것을 발견할 수 있다. "그리스도 예수의 종인 너희에게서 온 에바브라가 너희에게 문안하느니라. 그가 항상 너희를 위하여 애써 기도하여 너희로 하나님의 모든 뜻 가운데서 완전하고 확신 있게 서기를 구하나니." 바울은 로마 사람들에게 "너희 기도에 나와 힘을 같이해 달라"고 요청했는데, 다시 말하자면 기도의 싸움을 싸우는 자신을 지원해 달라는 것이었다. 그 말은 자신과 함께 원수들과 맞서 싸우기 위한 싸움에 들어가자는 뜻이다. 더구나 그 말은 무엇인가를 얻으려고 노력하기 위해 뜨거운 열정을 가지고 참여한다는 의미이다.

믿음을 발휘하고 이를 통해 얻는 보상에 관해 기록된 사례들은 거의 모든 경우에 믿음이 신뢰와 뒤섞이게 된다는 사실을 쉽게 깨닫도록 도와준다. 믿음이 신뢰를 집어삼킨다고 해도 과언이 아닐 정도로 말이다. 이 두 가지 자질, 곧 믿음과 신뢰의 활동을 어느 특정한 영역에 속한다고 구분하기란 매우 어렵다. 그러나 의심할 나위 없이 믿음이 그 부담에서 벗어나는 지점이 분명히 있다. 그러니까 신뢰가 모습을 드러내면서 이렇게 말하는 곳 말이다. "넌 제 역할을 충분히 감당했어! 나머지는 이제 내 몫이야!"

열매 맺지 못하는 무화과나무의 경우, 우리 주님은 제자들에게 믿음의 기적적인 능력을 보여주셨다. 제자들은 이것을 보고 놀라서 물었다. "무화과나무가 어떻게 그렇게 당장 말라버렸을까?" 그러자 예수님은 제자들에게 이렇게 말씀하셨다.

"만일 너희가 믿음이 있고 의심하지 아니하면 이 무화과나무에게 된 이런 일만 할 뿐 아니라 이 산더러 들려 바다에 던져지라 하여도 될 것이요 너희가 기도할 때에 무엇이든지 믿고 구하는 것은 다 받으리라"(마 21:21-22).

그리스도인이 이와 같은 거대한 분량의 믿음에 도달할 때 그 사람은 절대적인 신뢰의 영역으로 들어가게 된다. 그는 영적인 활동의 정점에서 아무런 흔들림 없이 서 있게 된다. 그는 살아계신 하나님의 능력에 대해 조금도 약해지지 않고, 변하지 않으며, 절대 빼앗을 수 없는 신뢰에 기초한 믿음의 최고 위치에 진정으로 도달한 사람이다.

우리 주 예수 그리스도께서는 사람들이 "항상 기도하고 낙심하지 말아야 할 것"(눅 18:1)이라고 선포하셨다. 이러한 예수님의 말씀은 우리가 기도하는 가운데 낙심하고 연약해지는 데서 벗어나도록 하려는 의도로 가르치신 것이다. 우리 주님은 방종을 경계하는 동시에 끈기를 강화하고 격려해야 한다는 사실을 분명히 가르치기 위해 애쓰셨다. 이처럼 우리의 기도에 없어서는 안 될 자질을 활용하는 일은 매우 중요하다.

끈질긴 기도는 하나님을 향한 우리 영혼의 강력한 움직임이다. 그것은 하늘에 있는 은혜의 보좌를 향해 우리 영혼의 가장 깊은 곳에 도사리고 있는 힘을 솟구치게 하는 것이다. 그것은 계속 붙잡고 있으면서, 계속 밀고 나가는 동시에, 잠잠히 기다리는 능력이기도 하다. 들뜬 소망, 편안한 인내, 꽉 붙잡고 있을 만한 힘 따위는 모두 그와 같은 끈질긴 기도 안에 포함되어 있다. 그것은 우연한 사건이나 어떤 단순한 수행 과제도 아니며, 우리 영혼의 열정이다. 그와 같은 기도는 억지로 바라거나 그럭저럭 필요한 게 아니라 꼭 필요한 덕목이다.

끈질긴 기도에서 분투하는 영역은 단지 신체적인 열의나 육체적인 에너지로부터 솟아나는 게 아니다. 그것은 에너지의 충격도 아니고 우리 영혼의 단순한 간절함도 아니다. 그것은 성령이 불어넣으시는 힘이요, 성령이 심어주고 일으키시는 능력이다. 실제로 그것은 우리 안에 계신 하나님의 성령이 올려드리는 중보기도이다. 더구나 그것은 '큰 효력을 나타내는 능력 있는 뜨거운 기도'이다. 우리 안에 있는 온갖 요소를 알려주는 거룩하신 성령은 그분 스스로 분투하는 에너지와 더불어 우리가 하나님의 보좌에서 불이 떨어지고 축복이 내릴 때까지 기도를 계속하도록 촉구하는 끈질김의 대명사이자 본질이시다. 이와 같은 분투적인 기도는 떠들썩하거나 격렬하기보다는 조용하고 집요하며, 긴급하고 간절하다. 그와 같은 기도의 강력한 힘에 대해 겉으로 드러나는 모습이 별로 보이지 않기에 그건 단지 고요해 보일 뿐이다.

그 어떤 것도 우리의 기도만큼 우리가 하나님의 자녀라는 사실을 그토록 명확하고 강력하게 구분해주지는 못한다. 그와 같은 기도는 그리스도인이라는 사실을 보여주는 유일하고도 절대 확실한 표지이자 시험이다. 그리스도인들이 기도하는 모습을 보여줄 수는 있지만 오히려 세속적인 마음으로 가득해서 제대로 기도하지 못할 수도 있다. 그리스도인들은 하나님을 부른다. 그러나 세속적인 것들은 하나님을 무시한다. 그러므로 그리스도인들은 지속적인 기도를 키워나갈 필요가 있다. 기도는 습관이 되어야 하지만 단지 습관보다 훨씬 더 많은 것이 담겨야 한다.

기도는 의무이다. 그러나 기도는 이 용어가 일반적으로 함축하는 것보다 훨씬 더 높은 데까지 올라가며, 훨씬 더 멀리까지 나아가는 의무이다. 그것은 하나님과의 관계에 대한 표현이며 거룩한 친교를 위한 부르짖음이다. 그것은 궁극적인 근원을 향해 내적인 생명이 바깥으로, 그리고 위로 흘러가는 것이다. 그것은 인간을 영원으로 이어주는 우리 영혼의 친자 확인에 대한 주장이며, 양자됨을 주장하는 것이다.

기도는 하나님의 형상으로 우리의 영혼을 빚으시는 것과 전적인 관련이 있으며, 거룩하신 하나님의 은혜를 받을 만한 분량을 키우고 확대하는 일과 깊은 관련이 있다. 그것은 하나님과 완벽하게 친교를 나누는 곳으로 우리의 영혼을 데려오는 일과 전적으로 관련이 있다. 그것은 우리 영혼의 하나님에 대한 체험을 풍성하게 하고, 폭넓게 만들며, 성숙하게 하는 일과 깊이 관련되어 있다.

기도하지 않는 사람은 도무지 그리스도인이라고 불릴 수가 없다. 그 사람은 어떤 그럴듯한 구실로도 이와 같은 용어에 담긴 권리를 주장할 수 없으며, 그 용어에 함축된 의미를 요구할 수도 없다. 만약 기도하지 않는다면 그 사람은 단순한 죄인일 뿐이다. 왜냐하면 어떤 사람의 영혼이 그리스도를 닮은 모든 영과 함께 나누는 교제와 친교로 들어가는 길은 오직 기도뿐이기 때문이다. 그러므로 만약 기도하지 않는다면 그 사람은 믿음의 권속에 속해 있지 않은 것이다.

그러나 이 논의에서 이제 우리는 기도의 어떤 특정한 양상으로 생각을 돌리려고 한다. 긴급함과 끈기를 가지고 하나님께 우리의 소망을 강하게 요구하는 양상, 간청이 이루어지거나 명분이 충족될 때까지 느슨해지거나 멈추지 않으면서 집요함과 긴장감을 가지고 기도하는 양상 말이다.

하나님에 대한 명확한 관점과 거룩한 하나님의 성품에 대한 성경적인 개념을 가지고 있는 사람, 하나님께로 가까이 다가갈 수 있는 특권에 감사하는 사람, 하나님이 자신을 위해 준비해 둔 모든 것의 내적인 필요를 이해하는 사람, 그 사람은 세심하게 배려하며, 거침없이 이야기하고, 끈기 있는 태도를 보이게 될 것이다. 성경에서 기도에 대한 의무 자체는 끈질긴 기도의 필요성에 비해 강하게 제기된 적이 별로 없다. 하나님께 영향을 미치도록 기도하는 것은 의인처럼 뜨겁고 능력 있게 쏟아내는 기도라고 선포한다. 그것은 전혀 사그라지거나 가물거리는 불꽃이 아니라, 순간적인 섬광이 아니라 꾸준하게 활활 타오르는 광채로 밝게 빛나는 기도이다.

소돔과 고모라의 구원을 위한 아브라함의 반복적인 중보기도는 끈질긴 기도의 필요성과 끈질긴 기도로부터 나오는 혜택에 관해서 일찍부터 제시된 본보기이다. 천사와 밤새도록 씨름한 야곱은 기도하는 가운데 끈질긴 모습을 보여주는 것이 얼마나 커다란 능력을 발휘하는지 의미심장하게 강조하고 있다. 또한 야곱은 끈질김이 영적인 일과 관련하여 어떻게 시간과 지각에 관련된 문제에서와 마찬가지로 성공을 거두는지 잘 보여준다.

우리가 이미 주목해 보았던 것처럼 모세는 이스라엘을 향한 하나님의 진노하심을 누그러뜨리려 40일 밤낮을 기도했다. 그런 모세의 본보기와 성공은 가장 어두운 시기를 보내고 있는 오늘날의 세대에게 커다란 자극제이다. 엘리야는 수평선 너머로 비구름이 나타나기 전까지 일곱 번이나 기도를 반복하면서 강력히 촉구했다. 이 비구름은 엘리야의 기도가 성공을 거두었으며 엘리야의 믿음이 승리했다는 사실을 예고하는 표지였다. 어떤 경우에 비록 낙심되고 연약하지만 다니엘은 응답과 축복이 임하기 전에 3주 동안이나 자신의 처지를 가지고 강하게 하나님을 압박했다.

공생애 동안 예수님은 수많은 밤을 기도하는 가운데 보내셨다.

겟세마네 동산에서 그분은 조금도 수그러들지 않는 다급함으로, 그러나 순복하는 끈질김으로 세 번씩이나 같은 탄원을 올려드렸다. 거기에는 그분의 영혼을 구성하는 모든 요소가 완전히 빠져들어 눈물과 피땀을 흘리게 했다. 끈질기게 기도하는 시간에 그분의 목숨을 건 위험요소는 눈에 띌 정도로 두드러지게 나타났으며, 그분의 목숨을 건 싸움은 완벽히 승리를 거두었다.

끈질긴 과부의 비유는 고집스러운 기도의 고전적인 사례이다. 우리가 이 책의 논의를 이어가는 바로 이 시점에서 그에 관한 기억을 새롭게 되새기는 편이 좋을 것 같다.

"예수께서 그들에게 항상 기도하고 낙심하지 말아야 할 것을 비유로 말씀하여 이르시되 어떤 도시에 하나님을 두려워하지 않고 사람을 무시하는 한 재판장이 있는데 그 도시에 한 과부가 있어 자주 그에게 가서 내 원수에 대한 나의 원한을 풀어주소서 하되 그가 얼마 동안 듣지 아니하다가 후에 속으로 생각하되 내가 하나님을 두려워하지 않고 사람을 무시하나 이 과부가 나를 번거롭게 하니 내가 그 원한을 풀어주리라. 그렇지 않으면 늘 와서 나를 괴롭게 하리라 하였느니라. 주께서 또 이르시되 불의한 재판장이 말한 것을 들으라. 하물며 하나님께서 그 밤낮 부르짖는 택하신 자들의 원한을 풀어주지 아니하시겠느냐. 그들에게 오래 참으시겠느냐. 내가 너희에게 이르노니 속히 그 원한을 풀어주시리라. 그러나 인자가 올 때에 세상에서 믿음을 보겠느냐 하시니라"(눅 18:1-8).

이 비유는 끈질긴 기도의 핵심 진리를 강조하고 있다. 이 과부는 불의한 재판장이 굴복할 때까지 자신의 처지를 계속해서 강하게 압박했다. 만약 이 비유가 끈질김의 필요성을 가르쳐주지 않는다면 거기에는 아무런 교훈이 없다. 이 주제를 벗어나서 한번 생각해보라. 그러면 기록할 만한 가치 있는 내용이 아무것도 남아 있지 않을 것이다. 다른 이론의 여지가 전혀 없을 정도로 예수님은 고집스러운 기도의 필요성에 대한 증거로 이 비유를 제시하셨다.

또한 우리는 수로보니게 여인의 사건에서 같은 가르침을 만나게 된다. 이 여인은 자기 딸 때문에 예수님을 찾아왔다. 여기서 끈질김은 뻣뻣하고 뻔뻔스러운 자세를 보여주는 게 아니라 겸손, 진실성, 열정과 같은 설득력 있는 특성을 보여준다. 우리는 한 여인이 매달리고 있는 믿음, 한 여인의 쓰라린 슬픔, 한 여인의 영적인 통찰을 슬쩍 들여다보게 된다. 주님은 이 진리가 영원히 반영될 수 있게 하시려고 시돈 지역으로 들어가셨다. 어떤 간청도 끈질긴 기도만큼 그렇게 효과적이지 않으며, 그 어떤 것에도 하나님이 그토록 충분하게, 그토록 자유롭게 그분 자신을 순복시키지 않으신다.

이처럼 고뇌하는 어머니의 끈질김은 그 여인에게 승리를 안겨주었으며, 그 자신의 기도 요청이 구체적으로 실현되게 했다. 그러나 구세주의 기분을 상하게 하는 대신에 그것은 기이하다는 말씀과 더불어 유쾌한 놀라움을 일으키게 했다. "이에 예수께서 대답하여 이르시되 여자여 네 믿음이 크도다. 네 소원대로 되리라 하시니 그때로부터 그의 딸이 나으니라"(마 15:28).

자신의 간청을 강하에 밀어붙이지 않는 사람은 전혀 기도하지 않는 것이다. 냉랭한 기도는 하늘을 향해 아무런 주장도 하지 않는 것이나 마찬가지며, 하늘 위에 있는 궁정에서 아무런 응답도 듣지 못할 것이다. 불은 기도의 생명이며, 천국은 상승 계단을 통해 올라가는 끈질김을 불태움으로써 도달할 수 있다.

끈질긴 과부의 경우를 돌이켜 본다면 우리는 이 여인의 과부 살이, 고독한 생활, 연약함 따위가 불의한 재판관에게 아무런 소용도 없었다는 사실을 알 수 있다. 끈질김이 전부였다. 그 재판관은 이렇게 말한다. "이 과부가 나를 번거롭게 하니 내가 그 원한을 풀어주리라. 그렇지 않으면 늘 와서 나를 괴롭게 하리라"(눅 18:5). 단지 이 과부가 불의한 재판관의 시간과 주의를 억지로 빼앗았기 때문에 이 여인은 승리를 거둘 수 있었다.

하나님은 택하신 백성이 밤낮으로 자신에게 울부짖을 때까지 기다리신다. 하나님은 이 불의한 재판관에게 했던 것보다 수천 배나 더 많은 간청을 해야지만 움직이신다. 자기 백성의 끈질긴 기도에도 풍성하게 응답하기를 지체하시는 데에는 한 가지 이유가 있다. 하나님은 그분의 기도하는 자녀에게서 믿음을 찾으신다. 끈기 있게 머물러 있으면서 울부짖는 믿음 말이다. 하나님은 그 믿음을 강하게 만들고 풍성하게 채워주시기 위해 더 많은 믿음을 발휘하도록 인도하심으로 그 믿음을 존귀하게 여기신다. 그러니까 하나님은 믿음의 간청이라는 부담을 허락하심으로써 결과적으로 풍성하게 그와 같은 믿음을 보상하신다.

앞서 언급한 수로보니게 여인의 경우는 성공적인 끈질긴 기도의 주목할 만한 사례이다. 성공적으로 기도하고 싶어 하는 모든 사람을 격려하는 탁월한 사례이다. 그것은 궁극적인 승리를 거두기까지 온갖 장애물과 방해꾼들에 맞선 끈기와 집념을 보여준다. 이 여인은 성공적이었던 것만큼 놀라운 영웅적인 믿음과 끈기로 그 모든 어려움을 이겨냈다. 예수님은 이 여인이 사는 지역으로 들어가시면서 "아무도 그것을 모르게 하려고 하셨다"(막 7:24 참조). 그러나 이 여인은 예수님의 그러한 목적을 여지없이 무너뜨리면서 그분의 은밀한 행보를 밝히 드러냈으며, 주님의 이목을 끌고 자기 자신의 필요와 믿음에 대한 호소를 가슴에 사무치도록 예수님께 쏟아냈다. 이 여인의 마음속에는 그와 같은 기도로 가득했다.

처음에 예수님은 이 여인의 고투에 아무런 관심도 보이지 않는 것처럼 행하셨고, 도와달라는 부르짖음을 무시하셨다. 예수님은 이 여인에게 눈길 한 번도, 귀를 기울이지도, 단 한마디의 말조차 건네지도 않으셨다. 겨우 깊고도 으스스한 침묵만이 그 여인의 간절한 부르짖음을 맞이했다. 그러나 이 여인은 그냥 돌아서거나 낙심하지 않았다. 그저 계속해서 전진할 뿐이었다. 이러한 볼썽사나운 아우성에 기분 상한 제자들이 그 여인을 위해 중재에 나서기는 했지만, 우리 주님은 그 여인이 자신의 사명이나 사역과는 전혀 상관없는 영역 밖에 있는 존재라고 선포하심으로써 모든 상황을 잠재우셨다.

그러나 이 여인에게 귀를 기울이지 못하는 제자들의 실패나 이 여인이 그분의 사명으로부터 얻는 혜택을 가로막고 있다는 생각은 본질적으로 절망적이기는 했지만, 결코 그 여인을 기죽이지 못했다. 오히려 격렬함만 키워주었을 뿐이다. 그리스도께로 나아가는 담대함이 더욱 강해지게 도와주었을 뿐이다. 그 여인은 더욱 가까이 다가와 예수님의 발 앞에 엎드려 예수님을 경배하면서, 예리하면서도 간략하게 자기 딸의 아픔을 자기 자신의 울부짖음으로 승화시켰다. "주여, 저를 도와주소서!" 이 마지막 울부짖음으로 이 여인은 승리를 거두었다. 이 여인의 딸은 바로 그 시간에 치유받았다. 이 여인은 희망을 품고 간절하고 끈질기게 주님 가까이에 머물면서 응답받을 때까지 줄기차게 기도하며 요청했다.

끈질긴 기도에 대한 이와 같은 비유에서 우리에게 다양한 정보를 주고 격려하기 위해 우리 주님은 기도를 가로막는 여러 가지 심각한 어려움을 제시하신다. 그와 동시에 예수님은 끈질김이야말로 온갖 역경을 이겨내고 무수한 장애물을 뛰어넘어 승리를 거두게 한다는 사실을 명확히 가르쳐주신다. 게다가 기도 응답은 간청함으로 나아가는 믿음의 분량에 따라 달라지는 조건부라고 가르쳐주신다. 이 믿음을 시험하기 위해 예수님은 응답을 지체하신다. 피상적으로 기도하는 사람은 침묵 속으로 빠져들게 되며, 이때 응답은 지체된다. 그러나 정말로 기도하는 사람은 계속해서 매달리고 붙잡는다. 우리 주님은 그 사람의 믿음을 인정하여 존귀하게 여기시며, 믿음을 증거하는 끈질긴 기도에 풍성하고 풍요로운 응답을 허락해주신다.

우리 주 예수님의 가르침에 담긴 기본적인 취지는 사람들이 간절히 기도해야 한다고, 누구도 부인할 수 없는 간절함으로 기도해야 한다고 선포하는 것이다. 천국에서는 오직 전심으로 부르짖는 사람들과 영혼 깊은 곳에서 간절히 외치는 사람들에게만 귀를 기울인다. 열정, 용기, 고집스러운 끈기가 천국에서 존귀하게 여기고, 하나님이 들으시는 기도를 뒷받침한다.

효력 있는 기도의 너무나 본질적인 요소로써 우리 영혼의 이러한 모든 자질은 한밤중에 양식을 구하러 친구를 찾아온 어떤 사람의 비유에서 분명하게 드러난다. 이 사람은 자신 있게 이 일에 뛰어들었다. 우정은 그 사람에게 당연히 성공을 약속해주는 것처럼 보였다. 이 사람의 간청은 거절하기 힘든 것이었다. 사실상 이 사람은 빈 손으로 돌아갈 수 없었다. 그런데 한마디로 거절당하자 이 사람은 유감스럽게 생각하면서 몹시 당혹스러워했다.

실제로 여기서는 우정마저 제대로 효과를 발휘하지 못했다! 그러나 아직 단호하게 마음먹고, 결연한 의지를 다지면서 한 번 더 시도해 볼 만한 여지는 남아 있었다. 문이 열리고 요청이 수용될 때까지 이 사람은 자신의 요구를 강변할 작정이었다. 계속해서 이와 같은 방향으로 나아가면서 끈질긴 요청을 통해, 평상시와 같은 점잖은 간청으로는 도무지 얻을 수 없었던 것을 확실히 받아내게 되었다.

천국에 있는 은혜의 보좌를 움직이기 위해서는 끈질긴 태도로 간구하는 자세가 필요하다는 사실을 구체적으로 설명해주시기 위해, 주님은 한마디로 거절당하는 상황에서도 성공을 이루어냈던 이 사람의 사례를 사용하셨다. 응답을 즉각적으로 받지 못할 때 그리스도인들은 더욱 용기를 얻어서 확실히 응답받을 때까지 절박하고 집요하게 나아가야 한다. 만약 그 사람에게 박력 있는 믿음으로 자신의 간청을 계속 밀어붙일 만한 믿음이 있다면 말이다.

소홀함, 낙심하는 마음, 성급함, 소심함 따위는 우리의 기도에 치명적이다. 우리의 끈질김과 집요함이 발휘되기를 기다리는 것이 하나님의 마음이자 하나님 아버지의 손길이며, 하나님 아버지의 무한하신 능력이고, 그분의 자녀들에게 귀를 기울이고 베풀어 주시겠다는 하나님 아버지의 기꺼운 마음이다.

끈질긴 기도는 하나님을 향한 우리 마음의 간절하고 내적인 움직임이다. 그것은 기도를 실행하는 곳에 우리 영적인 사람의 힘을 모조리 쏟아붓는 것이다. 이사야는 아무도 하나님을 단단히 붙잡기 위해 스스로 움직이지 않는다고 한탄했다. 이사야 시대에 수많은 기도가 실행되었으나 그것은 너무나 안일하고 무관심한 자기만족이었다. 하나님을 향한 영혼들의 강력한 움직임이 없었다. 어떤 거룩히 구별된 에너지의 연합체도 하나님으로부터 은혜의 보화를 끌어오기 위해 하나님께로 나아가 하나님을 붙잡고 싸우는 데 열중하지 않았다. 아무런 힘도 없는 기도에는 온갖 역경을 이겨낼 만한 능력이 도무지 없었다. 두드러진 결과를 이루어 내거나 완벽한 승리를 거둘 만한 능력도 없었다.

이사야는 소망에 찬 눈으로 믿음이 융성하는 날, 참된 기도의 시대가 도래하는 날을 고대했다. 그러한 시대가 임하면 파수꾼들은 자신의 불침번을 피하지 않을 것이며, 오히려 밤낮으로 부르짖으면서 하나님께 결코 휴식을 드리지 않을 것이다. 그들은 긴박하고 집요한 노력으로 모든 영적인 관심사를 계속해서 부르짖을 것이며, 하나님의 다함 없는 보화를 점점 더 많이 강하게 요청할 것이다.

끈질긴 기도는 결코 낙심하거나 지치지 않는다. 끈질긴 기도는 절대 절망하지 않는다. 끈질긴 기도는 결코 소심함에 굴복하지 않는다. 오히려 낙망을 모르는 소망과 포기하지 않는 믿음으로 말미암아 지지가 되고 유지된다. 끈질긴 기도에는 기다릴 수 있는 인내와 계속하는 힘이 내재되어 있다. 그것은 절대 기도를 그만두는 방향으로 나아가지 않으며, 응답받을 때까지 기도하는 자리에서 물러서지 않는다.

위대한 선교사 아도니람 저드슨의 친숙하지만 용기를 북돋우는 말은 끈질긴 기도의 사람에게서 터져 나오는 간증이다. 저드슨은 이렇게 말했다.

"나는 어떤 대상에게 전혀 깊은 관심을 두지도 않았고, 한 번도 그에 관해 진지하고 간절하게 기도해 본 적이 없었지만 그날이 아무리 멀리 떨어져 있었을지라도 어느 순간에 갑자기 그런 것들이 나에게 찾아왔다. 어쨌든 아마 내가 가장 마지막으로 창안해 냈을 법한 어떤 모습으로 그게 불현듯 나에게 찾아왔다."

"구하라. 그리하면 너희에게 주실 것이요 찾으라. 그리하면 찾아낼 것이요 문을 두드리라. 그리하면 너희에게 열릴 것이니"(마 7:7, 눅 11:9). 이것은 기도에 관해 우리 주님이 강력하게 호소하시는 도전이다. 그렇기에 우리는 기도가 응답받는 동시에 축복받을 때까지 그분의 가르침을 착념해서, 열심히 노력하는 가운데 간절함으로 밀고 나가야 한다.

예수님은 말씀하신 순서에 따라 구하라, 찾으라, 두드리라는 이 세 단어를 통해 끈질긴 기도의 필요성을 촉구하고 계신다. 구하고, 찾고, 두드리는 것은 성공적인 기도의 사다리를 걸어 올라가는 좋은 태도이다. 설복하는 기도에는 끈기 있게 기다리는 자질과 절대 굴복하지 않는 용기와 지치지 않는 인내, 그리고 절대 흔들리지 않는 결단력이 있어야 한다. 예수님께서 이 원칙보다 더 명확하게 강조하신 말씀은 없다.

한밤중에 친구를 찾아온 사람에 대한 비유 바로 앞에도 이와 같은 측면에서 아주 의미심장하고 유익한 교훈이 개략적으로 설명되어 있다. 굴하지 않는 용기, 멈추지 않는 끈질김, 확고한 목적 따위는 가장 고상하고 성공적인 형태의 기도에 관한 예수님의 평가에 포함된 자질들 가운데서 으뜸이다.

끈질김은 강렬함, 끈기, 인내, 그리고 집요함으로 이루어진다. 기도 응답이 지체되는 것처럼 보이는 점은 바로 이 끈질김의 기초이자 요청이기도 하다. 마태복음에서 제시하고 있는 것처럼 앞을 보지 못하는 사람에게서 일어난 첫 번째 사례를 살펴보라. 그러면 우리는 주님이 그 자신을 찾는 사람들에게 곧바로 귀 기울이지 않는 것처럼 행동하신 구체적인 이유를 알게 될 것이다. 그런데도 앞을 보지 못하는 두 사람은 "다윗의 아들 예수여, 우리를 불쌍히 여기소서!"라고 끊임없이 간청하면서 예수님을 따라갔다. 여전히 예수님은 두 사람에게 응답하지 않으신 채 그 집을 그냥 지나쳐 버렸다. 그러나 곤고한 두 사람은 주저 없이 예수님을 계속 쫓아갔으며, 마침내 앞을 보게 되는 동시에 간청한 것을 얻게 되었다.

소경 바디매오의 경우는 매우 다양한 방식으로 주목할 만한 사례이다. 특히 앞을 보지 못하는 이 사람이 우리 주님께 호소하는 과정에서 보여준 끈기 있는 모습은 굉장히 놀라운 일이었다. 바디매오는 예수님이 여리고로 들어오실 때 처음부터 부르짖었다. 그리고 예수님이 그곳에서 나오실 때까지 계속 부르짖었다. 이런 간청이야말로 끈질긴 기도의 필요성과 자신의 전부를 걸면서 그 마음의 소망을 허락하실 때까지 예수님을 가만히 내버려두지 않는 사람들에게 찾아오는 성공에 대한 예화 중에서 가장 강력한 사례이다.

마가는 마치 그림을 보듯이 그 사건 전체를 생생하게 우리 앞에 제시한다(막 10:46-52). 처음에는 예수님이 듣지 않으시는 것처럼 보인다. 무리는 떠들썩하게 야단을 떠는 바디매오를 책망한다. 그러나 겉으로는 우리 주님이 무관심해 보이더라도, 그리고 인내심 없고 성미 급한 무리의 책망에도, 앞을 보지 못하는 이 거지는 여전히 소리 높여 외치면서 울부짖는 소리를 점점 더 높인다. 예수님이 그 소리를 듣고 감동을 받아 움직이실 때까지 말이다. 마침내 예수님뿐만 아니라 무리도 이 거지의 간청 소리를 듣고서 그렇게 행동하는 이유에 대해 지지를 보낸다. 드디어 이 거지가 승리를 거두게 된다. 이 사람의 끈질긴 간청은 심지어 예수님 편에서 명백하게 무시하는 상황에서조차도, 그리고 주변 사람들의 반대와 책망에도 커다란 효과를 거두었다. 이 거지의 집요함은 그다지 마음이 내키지 않는 무관심 탓에 분명히 실패할 수밖에 없었던 곳에서 반전의 승리를 거두게 했다.

기도와 관련해서 믿음에는 그 자신만의 영역이 있으며, 끈질긴 간청과도 절대 떼려야 뗄 수 없는 연관성이 있다. 끈질김은 바로 이 믿음에 이르는 지점까지 기도를 몰아간다. 끈기 있는 영은 그 믿음으로 축복을 단단히 붙잡고 요청하며 활용하는 곳까지 어떤 사람을 데리고 간다.

끈질긴 기도의 엄연한 필요성은 하나님의 말씀에 분명히 제시되어 있으며, 오늘날에도 역시 언급되고, 다시 언급되어야 할 필요가 있다. 우리는 이와 같은 필수적인 진리를 간과하기가 매우 쉽다. 지나치게 편안함을 추구하는 것, 영적인 나태함, 신앙적인 게으름 등은 모두 이와 같은 형태의 탄원과는 상반되게 작용한다. 그러나 우리의 기도는 전혀 지치지 않는 에너지로, 절대 부정하지 못할 집요함으로, 절대 실패하지 않을 용기로 강하게 밀고 나가면서 밀어붙일 필요가 있다.

또한 우리는 기도에 이해하기 힘든 신비한 영역과 사실이 있다는 것에 대해서도 생각해 볼 필요가 있다. 이를테면 기도를 실행하는 과정에서 분명히 지체, 거절, 그리고 겉으로 보기에는 실패 같은 일이 있을 거라는 사실 말이다. 우리는 이와 같은 일들을 용납하지 못한 채 우리의 간절한 기도를 멈추지 않도록 대비해야 한다. 싸움이 점점 더 치열해지면서 그 전투의 초기 단계에서보다 훨씬 더 탁월한 용기를 보여주는 용감한 병사와 마찬가지로, 기도하는 그리스도인들은 지체와 거절이라는 상황에 부딪혔을 때조차도 더욱 간절한 마음으로 간구해야 하며, 설복하실 때까지 기도를 절대 멈추지 말아야 한다.

모세는 기도하는 과정에서 끈질김을 구체적으로 잘 설명해주는 멋진 본보기를 제시했다. 이스라엘 백성들이 황금 송아지를 만들었을 때 하나님의 진노는 그 백성들을 향해 점점 맹렬해졌고, 여호와께서는 정의에 따라 백성들을 처분하기로 작정하셨다. 그리고 하나님도 행하시려고 마음먹은 내용을 모세에게 알려주면서 이렇게 말씀하셨다. "제발 나를 혼자 가만히 내버려 두어라!" 그러나 모세는 하나님을 그냥 내버려 두지 않았다. 모세는 이스라엘 백성들이 지은 죄를 대신하여 하나님 앞에서 중보기도의 고뇌 속으로 자기 자신을 내던졌다. 그리하여 40일 밤낮을 금식하며 기도했다. 그것이 얼마나 놀라운 끈질긴 기도의 계절이었단 말인가!

또한 여호와께서는 이 금송아지를 만드는 과정에서 주동자로 행동했던 아론과도 대면하실 필요가 있었다. 그러나 모세는 이스라엘 백성뿐만 아니라 아론을 위해서도 기도했다. 만약 모세가 그렇게 하지 않았다면 이스라엘과 아론은 둘 다 하나님의 진노로 타오르는 불 아래서 사라지고 말았을 것이다.

하나님 앞에서 오랫동안 간구했던 중보의 계절은 모세에게 강한 인상을 남겼다. 모세는 이전부터 하나님과 친밀한 관계를 유지해 왔지만 안타깝게도 이처럼 긴 시간 동안 끈질긴 중보기도가 이어지는 나날들과 세월 가운데서 뚜렷하게 드러났던 탁월함을 오롯이 자신의 성품으로 취하지는 못했다.

그와 같은 끈질긴 기도가 하나님을 움직였으며, 인간의 성품을 고조시킨다는 점에는 어떤 의심도 있을 수 없다! 만약 우리가 이 같은 중보기도의 거대한 명령을 따라 하나님과 함께 점점 더 오래 머물러 있다면 우리 얼굴은 훨씬 더 밝게 빛날 것이며 우리의 삶은 더욱더 풍성하게 채워질 것이다. 그와 더불어 인간의 선의(善意)를 얻을 뿐만 아니라 하나님의 이름에 영광을 가져오는 자질을 한껏 누리게 될 것이다.

만일 너희가 믿음이 있고 의심하지 아니하면
이 무화과나무에게 된 이런 일만 할 뿐 아니라
이 산더러 들려 바다에 던져지라 하여도 될 것이요
너희가 기도할 때에 무엇이든지 믿고
구하는 것은 다 받으리라.

마태복음 21:21-22

"수고하고 무거운 짐 진 자들아 다 내게로 오라. 내가 너희를 쉬게 하리라.
나는 마음이 온유하고 겸손하니 나의 멍에를 메고 내게 배우라.
그리하면 너희 마음이 쉼을 얻으리니 이는 내 멍에는 쉽고
내 짐은 가벼움이라 하시니라"(마 11:28-30).

P·a·r·t·03

:
:
:

완전한 순종으로
한없는 응답을

기도는 행실을 다스리고 행실은 성품을 만든다. 행실이란 우리가 행하는 것이다. 성품이란 우리가 어떤 존재인지를 의미한다. 행실은 외적인 삶이다. 성품은 눈에 보이지 않고 숨겨진 내적 삶이지만 눈에 보이는 것으로 증거를 삼는다. 행실은 외적이며 밖으로 드러난다. 성품은 내적이며 내면에서 이루어진다. 은혜의 섭리라는 관점에서 볼 때 행실은 성품의 자손이다. 성품은 마음의 상태이며 행실은 그 외적인 표현이다. 성품은 나무의 뿌리이며 행실은 그 나무에서 맺히는 열매이다.

기도는 온갖 은혜의 선물과 깊은 관련이 있다. 성품과 행실과 기도의 관계는 서로 조력하는 관계이다. 기도는 성품이 세워지고 행실이 형성되도록 도와주며, 둘 다 성공적으로 지속되는 것은 기도에 달려 있다. 기도와 상관없는 도덕적인 성품과 행실도 어느 정도 있을 수는 있으나, 뚜렷이 구별되는 신앙적인 성품과 그리스도인의 행실은 기도 없이 있을 수 없다. 다른 모든 것이 아무런 도움을 주지 못하는 곳에서도 기도는 커다란 도움을 준다. 우리는 점점 더 많이 기도할수록 더 나은 사람이 되며, 우리의 삶은 더 순전하고 나아지게 된다.

예수 그리스도의 대속적인 사역의 궁극적인 목적은 신앙적인 성품을 창출하고 기독교적인 행실을 형성하는 일이다.

> "그가 우리를 대신하여 자신을 주심은 모든 불법에서 우리를 속량하시고 우리를 깨끗하게 하사 선한 일을 열심히 하는 자기 백성이 되게 하려 하심이라"(딛 2:14).

예수님의 가르침에서 강조하신 점은 단지 자선 행위나 긍휼 사역이 아니라 내면의 영적인 성품이다. 예수님은 적어도 이런 정도를 요청하고 계시며, 거기에 미치지 못하는 어떤 것도 충분하지 않다.

바울 서신을 공부하는 과정에서 분명하게 두드러지는 한 가지가 있는데, 그것은 마음의 거룩함과 생명의 의로움에 대한 강조이다. 바울은 '개인적인 행실'을 촉진하려고 그다지 많이 애쓰지도 않았으며, 자선 행위가 바울 서신의 핵심 주제라고 말하지도 않았다. 바울에게 부담을 줘서 여러 서신을 쓰도록 이끈 원동력은 인간의 마음이 처한 상황이며, 아무런 흠 없이 개인적인 삶을 사는 것이었다.

성경의 다른 곳에서도 가장 두드러지게 나타나는 점은 성품과 행실이다. 기독교 신앙은 영적인 성품이 없고 거룩한 삶을 살지 않는 사람들을 다루면서 그들을 변화시키는 것을 목표로 삼아 그들의 마음이 거룩해지고 삶이 의로워지게 하는 일이다. 기독교 신앙은 나쁜 사람들을 선한 사람들로 변화시키는 것을 목표로 삼는다. 또한 내적인 악함을 다루어 내적인 선함으로 바꾸려고 애쓴다.

기도가 끼어들어 놀라운 능력과 열매를 보여주는 지점이 바로 여기이다. 기도는 이와 같은 구체적인 목표를 향해 나아가도록 몰아간다. 사실상 기도 없이는 도덕적인 성품 가운데 일어나는 어떤 초자연적인 변화도 절대 일어날 수 없다. 왜냐하면 악함에서 선함으로 나아가는 변화는 "우리가 행한 바 의로운 행위로 말미암지 아니하고 오직 그의 긍휼하심을 따라 중생의 씻음과 성령의 새롭게 하심으로"(딛 3:5) 말미암아 우리에게 나타나기 때문이다. 그런데 이와 같은 놀라운 변화는 간절하고 끈기 있는 신실한 기도를 통해 가능하게 된다. 사람들의 마음속에 이와 같은 변화를 일으키지 못하는 기독교는 그것이 어떤 형태로 주장되든 간에 착각이자 유혹에 지나지 않는다.

기도의 임무는 사람들의 성품과 행실을 변화시키는 일이며, 무수한 경우에 그것은 기도를 통해 이루어진다. 이 시점에서 기도는 자신이 받은 신임장에 따라 그것이 하나님으로부터 온 것인지 아닌지 증명한다. 그러니까 이와 같은 일이 이루어지도록 하는 게 기도의 임무인 것과 마찬가지로 악한 사람을 단단히 붙잡아서 선한 사람으로 변화시키는 일이 교회의 가장 커다란 과업이다.

교회의 사명은 인간 본성과 성품을 변화시키고 행동에 영향을 줘서 행실을 변혁시키는 것이다. 교회는 의롭다고 여겨져야 하며 사람들이 의로움으로 나아가도록 하는 일에 참여해야 한다. 교회는 이 땅에 존재하는 하나님의 공장이며, 교회의 주요한 임무는 성품의 의로움을 창출하고 진작시키는 일이다. 이것이 바로 교회의 가장 중요한 첫 번째 사명이다. 일차적으로 교회의 사역은 교인을 더 모으거나, 숫자를 더 늘리거나, 돈을 더 많이 벌거나, 자선 행위와 긍휼 사역에 참여하는 게 아니라 내적인 성품의 의로움과 외적인 삶의 순결함을 창출해내는 일이다. 어떤 제품이든 그것을 만들어내는 공장의 성격을 반영하고 내포하게 된다. 의로운 목적을 가진 의로운 교회는 의로운 사람들을 일으킨다.

기도는 마음의 정결함과 삶의 순결함을 창출한다. 기도는 다른 어떤 것도 만들어내지 못한다. 의롭지 못한 행실은 기도하지 않는데서 생겨난다. 기도와 죄짓는 것은 서로 함께 계속해서 어울릴 수 없다. 둘 중 어느 하나가 필연적으로 중단되어야 한다. 왜냐하면 기도는 죄짓는 일에 대해 혐오감을 일으키고, 우리의 마음에 역사하는 까닭에 악을 행하는 것을 대단히 싫어하기 때문이다.

기도는 성품에 기초하고 있다. 우리가 하나님과 함께 공유하는 것은 하나님에 대한 우리의 영향력을 가늠하게 한다. 옛 시절에 하나님께 엄청난 영향력을 행사했던 것은 겉으로 드러나는 태도가 아니라 아브라함, 욥, 다윗, 모세를 비롯한 다른 모든 사람의 내적인 성품이었다. 오늘날도 역시 하나님께 있어서 중요한 것은 겉으로 드러나는 언행이 아니라 속에서 우러나는 우리의 진정한 됨됨이다. 물론 행실도 성품에 영향을 미치고 우리의 기도에서 상당히 중요하다. 그러나 성품이 행실에 훨씬 더 큰 영향을 미치며 기도에도 그보다 더 큰 영향을 미친다.

우리의 내적인 삶은 우리의 기도에 색조를 더할 뿐만 아니라 우리의 몸에도 마찬가지다. 나쁜 생활은 나쁜 기도를 의미하고, 결국에는 전혀 기도하지 않는다는 뜻이다. 우리는 유약한 삶을 살기 때문에 빈약하게 기도할 수밖에 없다. 기도의 시냇물은 삶의 분수보다 더 높이 솟아오를 수 없다. 내적인 골방에서 뿜어 나오는 힘은 각종 삶이라는 시냇물이 한데 모여서 흘러넘치는 에너지로 구성된다. 그러니까 우리가 허약한 삶을 살아가는 것은 얄팍하고 초라한 성품으로부터 자라난 것이다.

허약한 삶을 살아가는 것은 기도하는 시간이 빈약하고 무기력하다는 것을 반영한다. 우리가 하나님을 위해 신실하고 진실하게 살지 못한다면 우리는 하나님께 강력하고 친밀하며 확신 있는 기도를 할 수 없다. 우리의 삶이 하나님의 교훈과 목적을 생소하게 여길 때 기도의 골방이 하나님께 성별될 수 없다. 의로운 성품과 예수님을 닮은 행실은 하나님 앞에서 기도하는 과정에서 뚜렷하게 드러난다. 이와 같은 교훈을 우리는 잘 배워야 한다. 하나님의 거룩하신 말씀이 다음과 같이 선포될 때, 그것은 행실이 우리의 기도에 대해 가치를 부여하면서 감당하게 될 역할을 특별히 강조하는 것이다.

"그리하면 네 빛이 새벽같이 비칠 것이며 네 치유가 급속할 것이며 네 공의가 네 앞에 행하고 여호와의 영광이 네 뒤에 호위하리니 네가 부를 때에는 나 여호와가 응답하겠고 네가 부르짖을 때에는 내가 여기 있다 하리라. 만일 네가 너희 중에서 멍에와 손가락질과 허망한 말을 제하여 버리고 주린 자에게 네 심정이 동하며 괴로워하는 자의 심정을 만족하게 하면 네 빛이 흑암 중에서 떠올라 네 어둠이 낮과 같이 될 것이며 여호와가 너를 항상 인도하여 메마른 곳에서도 네 영혼을 만족하게 하며 네 뼈를 견고하게 하리니 너는 물 댄 동산 같겠고 물이 끊어지지 아니하는 샘 같을 것이라"(사 58:8-11).

이스라엘의 사악함과 그 백성들의 가증스러운 관행을 이사야 선지자가 명확하게 언급하고 있는데, 그것이 바로 하나님께서 이스라엘 백성들의 기도에 귀를 돌린 이유였다는 것이다.

"너희가 손을 펼 때에 내가 내 눈을 너희에게서 가리고 너희가 많이 기도할지라도 내가 듣지 아니하리니 이는 너희의 손에 피가 가득함이라. 너희는 스스로 씻으며 스스로 깨끗하게 하여 내 목전에서 너희 악한 행실을 버리며 행악을 그치고 선행을 배우며 정의를 구하며 학대받는 자를 도와주며 고아를 위하여 신원하며 과부를 위하여 변호하라"(사 1:15-17).

하나님은 그와 같은 슬픈 진리를 이번에는 예레미야의 입을 통해 이렇게 선포하셨다.

"그런즉 너는 이 백성을 위하여 기도하지 말라. 그들을 위하여 부르짖어 구하지 말라. 내게 간구하지 말라. 내가 네게서 듣지 아니하리라"(렘 7:16).

"그러므로 너는 이 백성을 위하여 기도하지 말라. 그들을 위하여 부르짖거나 구하지 말라. 그들이 그 고난으로 말미암아 내게 부르짖을 때에 내가 그들에게서 듣지 아니하리라"(렘 11:14).

여기서 기도하는 가운데 하나님께 마음껏 다가가기 위해서는 죄악에 대한 의식적이고 계획적인 전적 포기가 있어야 한다는 점이 명확해졌다. 또한 이와 마찬가지로 거룩하지 못한 행실은 기도의 방해물이라는 사실이 분명해졌다.

우리는 "그러므로 각처에서 남자들이 분노와 다툼이 없이 거룩한 손을 들어 기도"(딤전 2:8)하는 일에 동참해야 하며, 만약 하나님 아버지를 부르는 특권을 계속 유지하려 한다면 엄격하게 악을 삼가는 가운데 이 땅에서 나그네로 살아가는 시간을 통과해야 한다.

"사랑하는 자들아 만일 우리 마음이 우리를 책망할 것이 없으면 하나님 앞에서 담대함을 얻고 무엇이든지 구하는 바를 그에게서 받나니 이는 우리가 그의 계명을 지키고 그 앞에서 기뻐하시는 것을 행함이라. 그의 계명은 이것이니 곧 그 아들 예수 그리스도의 이름을 믿고 그가 우리에게 주신 계명대로 서로 사랑할 것이니라. 그의 계명을 지키는 자는 주 안에 거하고 주는 그의 안에 거하시나니 우리에게 주신 성령으로 말미암아 그가 우리 안에 거하시는 줄을 우리가 아느니라"(요일 3:21-24).

그래서 사도 야고보는 사람들이 구해도 받지 못하는 것은 오직 이기적인 욕망만을 채우려고 잘못 구하기 때문이라고 강력하게 선포했다.

우리 주님이 "이러므로 너희는 장차 올 이 모든 일을 능히 피하고 인자 앞에 서도록 항상 기도하며 깨어 있으라"(눅 21:36)고 명령하신 것은, 우리가 모든 행실에 조심하고 경계하여 우리 삶을 지키면서 조금도 방심하지 않는 경계심을 통해, 안전하게 확보되는 내적인 골방으로 온 힘을 다해 나아갈 수 있도록 하기 위함이었다.

"너희는 스스로 조심하라. 그렇지 않으면 방탕함과 술취함과 생활의 염려로 마음이 둔하여지고 뜻밖에 그날이 덫과 같이 너희에게 임하리라. 이날은 온 지구상에 거하는 모든 사람에게 임하리라"(눅 21:34-35).

흔히 그리스도인의 체험은 행실이라는 암초에 부딪혀 침몰하게 된다. 아무리 아름다운 이론이라도 추한 삶 탓에 망가지게 된다. 아무리 인상적인 모습으로 다가오더라도 우리는 경건함에 관해 우직하게 살아낼 수 있어야 한다. 우리의 신앙적인 체험에 관한 다양한 양상과 마찬가지로 우리가 기도하는 중에 고난을 당하면서도 악한 생활로부터 돌아섰다고 인정받을 수 있는 것은 결국 우리의 삶뿐이다.

초기 설교자들은 자기의 삶을 통해 말씀을 전하거나 아니면 아예 설교하지 말라고 요청받았다. 그와 마찬가지로 오늘날 그리스도인들은 곳곳에서 자기의 삶을 통해 기도하거나 아니면 아예 기도하지 말도록 요청받아야 한다. 가장 효과적인 설교는 강단에서 듣는 게 아니라 조용히, 겸손하게, 일관성 있게 삶을 통해 선포되는 설교이다. 가정에서, 그리고 공동체에서, 그러니까 삶의 현장에서 탁월함을 드러내는 설교이다. 모범은 다른 어떤 교훈보다 훨씬 더 효과적으로 말씀을 전한다. 심지어 강단에서조차도 가장 강력한 말씀 전파는 설교자 자신의 경건한 삶을 통해 강화되는 설교이다.

또한 교인들에게서 일어나는 가장 효과적이고도 강력한 역사는 성결한 삶, 세상과 분리, 죄악과의 단절이 선행되는 동시에 수반되는 기도이다. 그래서 가장 강력한 호소 중에서 어떤 것 ― 하나님을 두려워하고, 하나님의 명분을 사랑하며, 다른 사람들에게 그리스도인의 삶과 행실에 관한 아름다움과 탁월함을 날마다 드러내 보여주는 것 ― 은 경건한 목회자를 통해 교회에서 아무런 말 없이 저절로 이루어지기도 한다.

그러나 잘 준비된, 가장 설득력 있는 설교는 그 선포자의 의심스러운 관행 때문에 망치게 되거나 전혀 효과를 발휘하지 못하게 될 수도 있다. 아무리 활동적인 교회 사역자라도 세속적인 영과 일관되지 못한 삶 때문에 자기 손으로 이루어 낸 수고를 헛되게 만들 수도 있다. 목회자는 말이 아니라 자기 삶으로 설교하며, 강단이라기보다는 차라리 성품과 행동을 통해 전한다고 할 수 있다. 그리고 일상생활을 빈틈없이 가득 메우는 수만 가지 사건들을 통해 전달될 수도 있다.

물론 회개의 기도는 하나님께서 받으신다. 하나님은 회개하는 죄인의 부르짖음을 들으면서 기뻐하신다. 그러나 회개에는 단지 죄에 대해 슬퍼하는 것뿐만 아니라 그릇된 행동에서 돌아서는 동시에 더 올바른 법을 배우는 일이 포함된다. 성품과 행실에서 아무런 변화를 일으키지 않는 회개는 아무도 속이지 못하는 단순한 가식에 지나지 않는다. 옛것은 확실히 지나가야 하며 모든 것이 분명히 새로워져야 한다.

올바른 생각과 삶에서 우러나지 않는 기도는 웃음거리에 지나지 않는다. 만약 기도가 그릇된 성품을 몰아내고 잘못된 행실을 바로잡지 못한다면 우리는 전반적인 기도의 책무를 놓치는 것이다. 만약 기도가 우리 삶에 일대 변혁을 일으키지 않는다면 우리는 기도라는 덕목을 제대로 깨닫지 못하고 있는 것이다. 본질적으로 우리는 기도를 멈추든지 아니면 나쁜 행실을 멈추어야 한다. 냉랭하고 형식적인 기도는 나쁜 행실과 나란히 존재할 수 있지만 하나님의 눈으로 볼 때 그러한 기도는 전혀 기도가 아니다. 단지 그릇된 삶을 바로잡는 선에서 우리의 기도가 진전하는 것뿐이다. 하지만 하나님에 대한 정결함과 헌신에서 자라가는 삶은 더 나은 기도의 삶으로 우리를 이끌어간다.

내적인 삶에서 나타나는 특성은 효과적이고 능력 있는 기도의 전제 조건이다. 우리의 삶에서 나타나는 특징이 고스란히 우리의 기도에서도 나타날 것이다. 일관성 없는 삶은 기도를 방해할 뿐만 아니라 거의 기도하지 못하는 삶으로 우리를 무력화시킨다. 그러므로 우리는 "너희 죄를 서로 고백하며 병이 낫기를 위하여 서로 기도하라. 의인의 간구는 역사하는 힘이 큼이니라"(약 5:16)고 단언할 수 있는 그런 삶으로까지 나아가야 한다.

언제든지, 무엇이든지 가능하게 하는 것은 단지 의인의 기도뿐이다. 하나님의 영광을 바라보는 것, 모든 행사에서 하나님을 기쁘시게 하려는 간절한 소망에 사로잡히는 것, 하나님을 섬기는 일에 바쁜 손을 소유하는 것, 하나님의 계명이 가르치는 길로 재빨리 달려가는 발을 갖는 것, 이런 것들은 기도에 무게와 영향력과 능력을 더해주며, 하나님이 확실히 들으시게 한다. 그러나 우리 삶 가운데 있는 세상적인 영은 우리 기도의 힘을 깨뜨리며, 종종 기도하는 얼굴을 철면피로 만든다.

기도는 정결한 마음으로 나아와야 하며 "거룩한 손을 들어"(딤전 2:8) 올려드리면서 촉구되어야 한다. 기도는 쉼 없이 하나님께 순종하는 것, 거룩한 하나님의 법에 순응하는 것, 거룩한 하나님의 뜻에 순복하는 것을 목표로 삼는 삶으로 말미암아 강화되어야 한다.

올바른 삶이 기도의 전제 조건이지만, 또한 기도가 올바른 삶의 전제 조건이라는 사실을 잊어서는 안 된다. 기도는 올바른 삶을 촉진하며, 우리의 마음과 삶이 올바르게 나아가도록 도와주는 가장 커다란 요소이다. 참된 기도의 열매는 올바른 삶이다.

기도는 "그러므로 나의 사랑하는 자들아 너희가 나 있을 때뿐 아니라 더욱 지금 나 없을 때에도 항상 복종하여 두렵고 떨림으로 너희 구원을 이루라"(빌 2:12)는 거대한 과업에 대해 기도하는 사람을 바로잡는다. 기도는 그 사람에게 자기 성질, 대화, 행실을 경계하도록 만든다. 기도는 그 사람에게 "지혜로 행하여 세월을 아끼도록" 이끈다(골 4:5).

기도는 그 사람이 "그러므로 주 안에서 갇힌 내가 너희를 권하노니 너희가 부르심을 받은 일에 합당하게 행하여 모든 겸손과 온유로 하고 오래 참음으로 사랑 가운데서 서로 용납하고 평안의 매는 줄로 성령이 하나 되게 하신 것을 힘써 지키라"(엡 4:1-3)는 권면에 따라 살 수 있도록 돕는다. 기도는 그 사람에게 모든 악한 길을 피하고 선한 길을 걸어감으로써 순례의 여정을 떠나도록 일관되게 고상한 자극을 준다.

모세의 율법 아래서 순종은 "제사보다 낫고 숫양의 기름보다 나은" 것으로 여겨졌다(삼상 15:22). 신명기 5장 29절에서 모세는 순종의 성품을 발휘하는 일이 얼마나 중요한지를 아무런 의심 없이 그분 자신을 선포하는 전능하신 하나님의 마음을 대표해서 전해준다. 그 백성들의 고집스러움에 대해 언급하면서 하나님은 이렇게 소리 높여 말씀하셨다. "다만 그들이 항상 이 같은 마음을 품어 나를 경외하며 내 모든 명령을 지켜서 그들과 그 자손이 영원히 복받기를 원하노라."

의심할 나위 없이 순종은 매우 고상한 덕목이며, 군인에게 꼭 필요한 자질이다. 순종은 군인에게서 매우 두드러지게 나타난다. 순종은 군인의 처음이자 마지막 교훈이며, 군인은 아무런 의심 없이 투덜대지 않고 언제든지 순종하는 법을 배워야 한다.

더구나 순종은 행동하는 믿음이며 사랑에 대한 시험으로써 흘러 나오는 태도이다.

"그날에는 내가 아버지 안에, 너희가 내 안에, 내가 너희 안에 있는 것을 너희가 알리라. 나의 계명을 지키는 자라야 나를 사랑하는 자니 나를 사랑하는 자는 내 아버지께 사랑을 받을 것이요 나도 그를 사랑하여 그에게 나를 나타내리라"(요 14:20-21).

또한 순종은 사랑을 유지하는 방식이자 사랑의 삶 그 자체이다.

"아버지께서 나를 사랑하신 것같이 나도 너희를 사랑하였으니 나의 사랑 안에 거하라. 내가 아버지의 계명을 지켜 그의 사랑 안에 거하는 것같이 너희도 내 계명을 지키면 내 사랑 안에 거하리라. 내가 이것을 너희에게 이름은 내 기쁨이 너희 안에 있어 너희 기쁨을 충만하게 하려 함이라. 내 계명은 곧 내가 너희를 사랑한 것같이 너희도 서로 사랑하라 하는 이것이니라"(요 15:9-12).

하나님에 대한 순종은 영적인 번영, 내적인 만족, 마음의 안정을 위한 전제 조건이다. "너희가 즐겨 순종하면 땅의 아름다운 소산을 먹을 것이요 너희가 거절하여 배반하면 칼에 삼켜지리라. 여호와의 입의 말씀이니라"(사 1:19-20). 순종은 거룩한 도성의 문을 열어주며, 생명나무의 열매에 가까이 다가갈 수 있게 한다. "나는 알파와 오메가요 처음과 마지막이요 시작과 마침이라. 자기 두루마기를 빠는 자들은 복이 있으니 이는 그들이 생명나무에 나아가며 문들을 통하여 성에 들어갈 권세를 받으려 함이로다"(계 22:13-14).

그렇다면 도대체 순종이란 무엇인가? 순종이란 하나님의 뜻대로 행하는 것이다. 순종은 하나님의 계명을 지키는 것이다. 그렇다면 과연 얼마나 많은 계명을 지켜야 순종이란 말인가? 단 하나를 제외하고 다른 모든 계명을 지키는 것, 그것이 순종인가? 이 점에 관해 사도 야고보는 명확하게 언급하고 있다.

"누구든지 온 율법을 지키다가 그 하나를 범하면 모두 범한 자가 되나니 간음하지 말라 하신 이가 또한 살인하지 말라 하셨은즉 네가 비록 간음하지 아니하여도 살인하면 율법을 범한 자가 되느니라. 너희는 자유의 율법대로 심판받을 자처럼 말도 하고 행하기도 하라. 긍휼을 행하지 아니하는 자에게는 긍휼 없는 심판이 있으리라. 긍휼은 심판을 이기고 자랑하느니라"(약 2:10-13).

어떤 사람에게 단 한 가지라도 계명을 어기도록 재촉하는 영은 모든 계명을 범하도록 촉구할 수도 있는 영이다. 하나님의 계명은 모두 하나이므로 어느 하나를 범하는 것은 전체 계명의 바탕을 이루고 온 계명을 관통하는 원칙을 깨는 것이다. 어느 하나라도 범하기를 주저하지 않는 사람은 그와 같은 어려운 환경에 처한다면 십중팔구 다른 모든 계명을 범하게 될 것이다.

이처럼 믿음의 경주에서는 보편적인 순종이 요구된다. 절대적인 순종에 미치지 못하는 어떤 것도 하나님을 만족시키지 못할 것이며, 하나님의 모든 계명을 지키는 것은 하나님이 요구하시는 대로 행하고 있다는 실제적인 증거이다. 그러나 우리가 과연 하나님의 모든 계명을 지킬 수 있는가? 어떤 사람이 모든 계명을 일일이 다 순종할 수 있을 만큼 커다란 도덕적인 능력을 받을 수 있겠는가? 물론 분명히 그럴 수 있다. 온갖 징표를 동원해서 기도함으로써 인간은 이와 같은 일을 해낼 수 있는 능력을 얼마든지 얻게 된다.

그러니까 하나님이 과연 우리가 순종할 수 없는 계명들을 주시겠는가? 하나님이 너무나 제멋대로시거나, 너무나 엄격하시거나, 너무나 사랑 없는 분이라서 도무지 순종할 수 없는 계명을 공표하기라도 하신단 말인가? 성경의 모든 연대기에는 단 한 차례도 하나님이 인간의 능력을 뛰어넘는 일을 하도록 어떤 사람에게 명령하셨다고 기록되어 있지 않다는 점이 바로 그 대답이다. 하나님이 너무나 불공평하고 경솔하셔서 인간이 도저히 실행할 수 없는 일을 요구하기라도 하신단 말인가? 전혀 그렇지 않다. 그런 식으로 추론하는 것은 하나님의 성품을 모독하는 죄이다.

잠깐 이와 같은 생각을 곰곰이 반추해 보라. 이 세상의 어떤 부모가 자기 아이들에게 도저히 실천할 수 없는 과제를 요구하겠는가? 그토록 불공정하고 폭압적인 태도를 보이는 것에 대해 감히 생각하는 아버지가 도대체 어디에 있겠는가? 그렇다면 하나님께서 이 세상의 그릇된 부모보다 훨씬 덜 친절하고 불공정하단 말인가? 그 부모가 온전하신 하나님보다 더 낫고 공평하단 말인가? 이것이 얼마나 얼토당토않고 터무니없는 생각이란 말인가!

원칙적으로 하나님께 순종하는 일은 이 세상의 부모에게 순종하는 일과 같은 자질과 성품이다. 일반적으로 그것은 누군가 자기 자신의 방식을 포기하고 다른 사람의 방식을 따르는 것, 자신의 뜻을 다른 사람의 뜻에 굴복시키는 것, 자기 자신을 부모의 권위와 요구에 굴복시킨다는 의미이다. 하늘에 계신 하나님 아버지의 명령이든 이 땅에 계신 아버지의 명령이든 간에 둘 다 사랑에 이끌리는 것이며, 그 모든 명령은 분명히 명령받는 사람들의 최대 관심사를 다루고 있다.

하나님의 명령은 혹독하지도 폭압적이지도 않은 방식으로 공표된다. 그 모든 명령은 항상 사랑 가운데 우리의 관심사를 최대한 수용하는 방식으로 공표된다. 그러므로 이러한 명령에 주의를 기울이면서 순종하는 것은 우리에게 너무나 당연한 일이다. 다시 말해 거기에 가장 낮은 가치를 매긴다고 하더라도 우리의 선을 촉진하기 위해 우리에게 명령을 내리시는 하나님께 순종하는 일은 지극히 마땅하다. 왜냐하면 하나님이 그렇게 명하셨으며, 심지어 인간의 이성으로도 하나님께서 우리의 실행 능력을 벗어나는 일을 절대로 요구하지 않으신다는 사실을 얼마든지 깨달을 수 있기 때문이다.

순종은 모든 계명을 성취하는 사랑이며 계명 자체를 표현하는 사랑이다. 순종은 우리에게 부과되는 어려운 요청이 아니며, 남편이 아내에게, 또는 아내가 남편에게 제공하는 단순한 섬김을 훨씬 뛰어넘는 어떤 것도 아니다. 사랑은 순종하기를 기뻐하며 사랑하는 사람을 기쁘게 한다. 사랑 안에는 아무런 어려움이 없다. 물론 어떤 경우에는 강청이 있을 수도 있겠지만 그렇다고 그것이 성가시거나 짜증스럽지 않다. 사랑을 위해서는 불가능한 일이란 절대 있을 수 없다.

사도 요한은 매우 단순하고 명쾌하며 사실적인 방식으로 이렇게 말하고 있다.

"사랑하는 자들아 만일 우리 마음이 우리를 책망할 것이 없으면 하나님 앞에서 담대함을 얻고 무엇이든지 구하는 바를 그에게서 받나니 이는 우리가 그의 계명을 지키고 그 앞에서 기뻐하시는 것을 행함이라. 그의 계명은 이것이니 곧 그 아들 예수 그리스도의 이름을 믿고 그가 우리에게 주신 계명대로 서로 사랑할 것이니라. 그의 계명을 지키는 자는 주 안에 거하고 주는 그의 안에 거하시나니 우리에게 주신 성령으로 말미암아 그가 우리 안에 거하시는 줄을 우리가 아느니라"(요일 3:21-24).

이것이 바로 모든 계명을 능가하는 순종이다. 그것은 바로 넘치는 기대를 하고 순종하는 사랑이다. 환경이나 유전, 또는 성향 때문에 사람들이 불법을 저지를 수밖에 없다고 선포하는 자들은 엄청난 실수를 범하고 있을 뿐만 아니라 심지어 죄를 짓는 것이다. 하나님의 명령은 고통스러운 길이 아니다. 그 길은 즐거움을 주는 길이며, 그 여정은 평화를 주는 길이다. 순종으로 나아가야 하는 과제는 어려운 일이 아니다.

"수고하고 무거운 짐 진 자들아 다 내게로 오라. 내가 너희를 쉬게 하리라. 나는 마음이 온유하고 겸손하니 나의 멍에를 메고 내게 배우라. 그리하면 너희 마음이 쉼을 얻으리니 이는 내 멍에는 쉽고 내 짐은 가벼움이라 하시니라"(마 11:28-30).

자녀들에게 불가능한 일을 요구하는 것은 하늘에 계신 우리 하나님 아버지와는 거리가 멀다. 모든 일에서 그분을 기쁘게 하는 것은 얼마든지 가능한 일이다. 왜냐하면 그분을 기쁘게 하는 것은 그다지 어려운 일이 아니기 때문이다. 하나님은 맡기지 않은 것을 찾아가고 심지 않은 것을 거두어들이는 까다롭고 지독한 주인이 아니시고, 지나치게 근엄한 군주도 아니시다(마 25:24-26 참조). 감사하게도 하나님의 모든 자녀는 하늘에 계신 아버지를 기쁘게 하는 일이 얼마든지 가능하다!

하나님을 기쁘게 하는 일은 사실상 사람들을 기쁘게 하는 일보다 훨씬 더 쉽다. 더구나 우리는 언제 그분을 기쁘게 하는지 충분히 알 수 있다. 우리가 하나님 아버지의 뜻을 행하고 있는지, 또한 그 길이 하나님께서 보시기에 매우 만족스러운 길인지를 알게 하는 것, 이것은 하나님의 자녀에게 주시는 성령의 증거이자 거룩한 내적인 확신이다.

하나님의 계명은 의로운 것이며 정의와 지혜에 기초한 것이다.

"이로 보건대 율법은 거룩하고 계명도 거룩하고 의로우며 선하도다"(롬 7:12).

"주 하나님 곧 전능하신 이시여 하시는 일이 크고 놀라우시도다. 만국의 왕이시여 주의 길이 의롭고 참되시도다. 주여 누가 주의 이름을 두려워하지 아니하며 영화롭게 하지 아니하오리이까. 오직 주만 거룩하시니이다. 주의 의로우신 일이 나타났으매 만국이 와서 주께 경배하리이다"(계 15:3-4).

그러니까 하나님의 계명은 충분히 순종할 수 있도록 은혜를 내려주시길 간구하는 모든 사람은 얼마든지 순종할 수 있다. 우리는 이러한 계명에 반드시 순종해야 한다. 하나님의 통치가 거기에 달려 있다. 하나님의 자녀들은 그분께 순종할 의무 아래 놓여 있다. 불순종이 허용될 수 없다. 반항의 영은 죄의 본성이다. 반항은 하나님의 권위를 거절하는 죄이며 하나님은 그것을 용납하지 않으신다. 하나님은 절대로 그렇게 하지 않으시며, 그처럼 엄격한 태도를 선포하신 것은 가장 높으신 분의 아들이 사람들 사이에 나타나도록 하셨던 이유 가운데 일부였다.

"그러므로 이제 그리스도 예수 안에 있는 자에게는 결코 정죄함이 없나니 이는 그리스도 예수 안에 있는 생명의 성령의 법이 죄와 사망의 법에서 너를 해방하였음이라. 율법이 육신으로 말미암아 연약하여 할 수 없는 그것을 하나님은 하시나니 곧 죄로 말미암아 자기 아들을 죄 있는 육신의 모양으로 보내어 육신에 죄를 정하사 육신을 따르지 않고 그 영을 따라 행하는 우리에게 율법의 요구가 이루어지게 하려 하심이니라"(롬 8:1-4).

만약 죄 아래 있는 사람이 너무나 연약하고 무기력하여 이러한 하나님의 고차원적인 명령에 순종할 수 없다고 불평한다면, 예수 그리스도의 대속을 통해 누구나 얼마든지 순종할 수 있다는 것이 그 대답이다. 대속이란 하나님께서 모든 장벽을 허무시는 방편이다. 중생으로 말미암아 성령이라는 대리자를 통해 하나님께서 우리 안에서 역사하신다는 사실은 대속 아래서 우리에게 요구되는 모든 일을 감당하기에 충분하도록 권능을 부여하는 은혜를 베풀어 주신다는 뜻이다.

이와 같은 은혜는 기도의 응답 안에서 한량없이 제공된다. 그런즉 하나님은 명령하시는 동시에 그분의 요구를 충족시키는 데 필요한 모든 의지력과 영혼의 은혜를 우리에게 베풀어 주시겠다고 굳게 약속하고 계신다. 이것이 사실이라면 인간은 자신의 불순종에 대해서 도무지 변명할 수 없으며, 필요한 은혜를 단단히 확보하길 거절하거나 실패한 일에 대해서도 크게 책망받을 수밖에 없을 것이다. 그 은혜로 말미암아 인간은 경외심과 더불어 경건한 두려움으로 얼마든지 우리 주님을 섬길 수 있는 데도 말이다.

하나님의 계명을 지키는 게 불가능하다고 선포하는 사람들이 이상하게도 그냥 지나치는 중요한 고려 사항이 한 가지 있다. 그것은 바로 기도와 믿음을 통해 인간의 본성이 바뀌어 하나님의 거룩함에 참여하게 된다는 필연적인 진리이다. 그로 말미암아 인간은 하나님께 순종하기를 꺼리던 모든 마음을 제거하게 되며, 타락하고 무기력한 상태로 자라나 하나님의 계명을 지킬 수 없던 인간의 선천적인 무능함이 점차 영광스럽게 제거된다는 사실이다.

자신의 도덕적인 본성에서 이루어진 이와 같은 급격한 변화를 통해 인간은 모든 면에서 하나님께 순종하고 충분히 충성을 다하는 능력을 넘겨받게 된다. 그래서 인간은 "나의 하나님이여 내가 주의 뜻 행하기를 즐기오니 주의 법이 나의 심중에 있나이다"(시 40:8)라고 고백할 수 있게 된다. 자연인에게 일어나는 반역 사건이 없어질 뿐만 아니라 다행히도 하나님의 말씀에 기쁘게 순종하는 마음을 전달받게 된다.

만약 새롭게 거듭나지 않은 사람이 타락으로 말미암아 자신에게 잠재된 온갖 무능력 때문에 하나님께 순종할 수 없다고 주장한다면 어쩔 수 없는 노릇이다. 그러나 어떤 사람이 성령으로 말미암아 새롭게 거듭나서 새로운 본성을 받아 왕의 자녀가 된 이후에도 하나님께 순종할 수 없다고 선포하는 일은 터무니없이 웃기는 태도이다. 더 나아가 대속의 역사와 그에 따른 함축적인 의미에 관해 안타까울 정도로 무지함을 보여주는 태도이다.

절대적이고 온전한 순종은 기도하는 사람들이 부르심을 받는 상태이다. "그러므로 각처에서 남자들이 분노와 다툼이 없이 거룩한 손을 들어 기도"(딤전 2:8)하는 것은 순종하는 기도의 전제 조건이다. 여기서 외적인 청결함과 더불어 내적인 충실함과 사랑은 받아들여질 만한 기도의 부산물로 제시되고 있다.

앞서 인용한 말씀에서 사도 요한은 응답받는 기도의 이유를 이렇게 제시했다. "무엇이든지 구하는 바를 그에게서 받나니 이는 우리가 그의 계명을 지키고 그 앞에서 기뻐하시는 것을 행함이라"(요일 3:22).

여기서 하나님의 계명을 지키는 일이 하나님께서 기도에 응답하시는 이유로 제시되고 있음에 주목한다면, 우리가 하나님의 계명을 지킬 수 있으며 하나님을 기쁘시게 하는 일들을 행할 수 있다고 추론하는 것은 매우 합당하다. 만약 하나님께서 우리가 그분의 규례를 지킬 수 없다는 사실을 알고 계셨다면, 과연 그분의 계명을 지키는 일을 효과적이고 능력 있는 조건으로 우리에게 제시하셨겠는가? 분명히 아닐 것이다!

순종은 은혜의 보좌에서 담대하게 간구할 수 있게 하며, 순종을 실천하는 사람들은 그와 같은 방식을 따라서 간구할 수 있는 유일한 자들이다. 불순종하는 사람들은 소심한 태도로 하나님께 다가갈 뿐만 아니라 주저하면서 간구하게 된다. 이 사람들은 그릇된 행위 때문에 머지않아 그조차도 멈추게 된다. 무언가를 끊임없이 요구하면서도 순종하는 아이는 확신과 담대함을 보이는 가운데 자기 아버지 앞으로 나아오게 된다. 순종에 대한 태도는 바로 그 아이에게 용기를 불어넣는 동시에 불순종으로 말미암아 생겨나는 두려움에서 벗어나게 한다.

아무런 이의 제기도 없이 하나님의 뜻을 행하는 순종은 성공적인 기도의 사람이 누리는 특권이자 기쁨이다. 자신감으로 기도할 수 있는 것은 정결한 손과 순전한 마음을 가진 사람이기 때문이다. 이와 관련해서 예수님은 산상수훈에서 이렇게 말씀하셨다.

"이러므로 그들의 열매로 그들을 알리라. 나더러 주여 주여 하는 자마다 다 천국에 들어갈 것이 아니요 다만 하늘에 계신 내 아버지의 뜻대로 행하는 자라야 들어가리라. 그날에 많은 사람이 나더러 이르되 주여 주여 우리가 주의 이름으로 선지자 노릇 하며 주의 이름으로 귀신을 쫓아내며 주의 이름으로 많은 권능을 행하지 아니하였나이까 하리니 그때에 내가 그들에게 밝히 말하되 내가 너희를 도무지 알지 못하니 불법을 행하는 자들아 내게서 떠나가라 하리라"(마 7:20-23).

이런 엄청난 진술에 또 다른 말씀을 덧붙일 수 있을 것이다.

"너희가 내 안에 거하고 내 말이 너희 안에 거하면 무엇이든지 원하는 대로 구하라. 그리하면 이루리라. 너희가 열매를 많이 맺으면 내 아버지께서 영광을 받으실 것이요 너희는 내 제자가 되리라. 아버지께서 나를 사랑하신 것같이 나도 너희를 사랑하였으니 나의 사랑 안에 거하라. 내가 아버지의 계명을 지켜 그의 사랑 안에 거하는 것같이 너희도 내 계명을 지키면 내 사랑 안에 거하리라. 내가 이것을 너희에게 이름은 내 기쁨이 너희 안에 있어 너희 기쁨을 충만하게 하려 함이라. 내 계명은 곧 내가 너희를 사랑한 것같이 너희도 서로 사랑하라 하는 이것이니라"(요 15:7-12).

종교개혁자 마틴 루터는 "그리스도인의 본업은 기도"라고 말했다. 그러나 기도라는 본업의 비밀을 배우러 나아가기 전에 그리스도인에게는 배워야 할 또 다른 본업이 있다. 그리스도인은 하나님 아버지의 뜻에 완벽하게 순종하는 본업을 배워야 한다. 순종은 사랑을 따라가며 기도는 순종을 따라간다. 하나님의 계명을 제대로 준수하는 일은 제대로 기도하는 일을 수반한다.

불순종하는 삶을 살아가는 사람도 물론 기도할 수 있다. 당연히 그 사람도 하나님의 자비와 자기 영혼의 평안을 구하기 위해 기도할 수 있다. 눈물을 흘리면서 죄를 고백하는 가운데 참회하는 심령으로 하나님의 발 앞에 나아와 꿇어 엎드릴 수 있다. 그러면 하나님은 그 사람의 기도를 듣고 응답하실 것이다. 그러나 이와 같은 종류의 기도는 하나님의 자녀에게 속한 기도가 아니라 참회하는 죄인에게 속한 기도이며, 그 사람에게는 하나님께로 가까이 다가가는 다른 길이 없다. 그것은 의로워지지 않은 영혼에 속한 일이며, 이미 구원받아 하나님과 화목해진 성도에게 속한 일이 아니다.

순종하는 삶은 기도를 돕는다. 그것은 기도를 통해 재빨리 보좌로 나아가게 한다. 하나님은 순종하는 자녀의 기도를 듣지 않으실 수 없다. 하나님은 순종하는 자녀들의 기도를 항상 들어주신다. 무조건적인 순종은 하늘에서 은혜의 보좌에 앉아계신 하나님의 눈에 매우 소중하게 여겨진다. 그것은 마치 수많은 지류가 합쳐져서 커다란 강을 이루는 일과 마찬가지로 기도 골방에 힘을 불어넣을 뿐 아니라 풍성한 기도의 흐름이 가득 생겨나게 한다.

순종하는 삶이란 단지 변화된 삶이 아니다. 그것은 단지 옛 삶을 새로운 것으로 채우고 덧칠하는 삶도, 단순히 교회를 오가는 삶도, 여러 활동으로 그럴듯하게 꾸미는 삶도 아니다. 또한 그것은 공적인 도덕규범을 단지 겉으로 순응하는 삶도 아니다. 순종하는 삶은 이 모든 것을 훨씬 넘어서서 진정으로 하나님을 두려워하는 삶으로 나아가는 것이다.

순종으로 가득한 삶, 하나님과 가장 친밀한 교제 관계가 정립된 삶, 자기의 뜻을 하나님의 뜻에 충분히 순응하는 삶, 겉으로 드러나는 삶이 의로운 열매를 드러내는 삶, 그러한 삶은 아론과 훌처럼 기도의 손을 높이 들면서 계속 그런 태도를 유지하게 한다.

만약 기도를 잘하고 싶은 간절한 마음이 있는 사람이라면 먼저 온전히 순종하는 법을 배워야 한다. 만약 기도하는 법을 배우고 싶은 소망이 있는 사람이라면 하나님의 뜻을 행하는 법을 배우려는 간절한 소망을 품어야 한다. 하나님께 기도하고 싶은 소망이 있는 사람이라면 먼저 그분께 순종하겠다는 불타는 소망을 품어야 한다. 만약 당신이 기도로 하나님께 자유롭게 나아가고 싶다면 죄를 짓거나 불순종하는 본성 안에 자리 잡은 모든 장애물을 먼저 제거해야 한다. 하나님은 순종하는 자녀의 기도를 기뻐하신다.

하나님의 뜻을 기쁜 마음으로 행하는 사람들의 입술에서 흘러나오는 요청은 굉장히 빠르게 그분의 귀에 다다를 것이며, 하나님이 신속하고 풍성하게 그 요청에 응답하게 할 것이다. 눈물은 그 자체로 가치 있거나 칭찬할 만한 게 아니다. 그러나 기도에서는 그 나름대로 소용이 있다. 우리는 간구하는 장소를 눈물로 흠뻑 적셔야 한다. 자기 죄에 관해 전혀 슬퍼하지 않는 사람은 결코 진정으로 자기 죄에 대해 기도하지 않는다. 때때로 단지 하염없이 흘리는 눈물만이 어떤 참회자의 유일한 탄원일 수 있다. 그러나 눈물은 과거, 죄, 그릇된 행위에 대한 것이다. 우리가 발걸음을 떼길 기다리는 또 다른 단계와 무대가 있다. 그것은 바로 무조건적인 순종의 단계인데,

우리가 정말로 그와 같은 발걸음을 떼기 전에는 우리에게 계속해서 축복과 생명을 부어 달라는 막연한 기도는 아무런 소용이 없을 것이다.

성경 곳곳에서 하나님은 불순종을 탐탁지 않게 여기시며, 죄를 단호히 배격하시는 모습으로 등장하고 있다. 이것은 죄인들의 삶에서와 마찬가지로 하나님이 택하신 백성들의 삶에서도 그렇다. 하나님은 어디에서도 죄를 지지하거나 불순종을 너그러이 봐주시지 않는다. 하나님은 항상 그분의 명령에 대한 순종을 강조하신다. 그 명령에 대한 순종이 축복을 가져오며, 불순종은 재앙을 만나게 된다. 이것은 처음부터 마지막까지 하나님의 말씀에서 사실이다. 성경에서 사람들의 기도가 하나님께 그토록 커다란 영향력을 발휘한 이유는 바로 이것 때문이다. 지금까지 순종하는 사람들은 항상 하나님과 가장 가까이 머물러 있었다. 이러한 사람들이야말로 기도를 잘했을 뿐만 아니라 하나님께 위대한 것을 받았던 자들이요, 위대한 일을 일으켰던 사람들이다.

하나님에 대한 순종은 기도의 세계에서 엄청나게 소중하다. 이와 같은 사실은 매우 자주 강조되어야 한다. 죄짓는 일을 관용하는 종교적인 믿음이 필요하다고 호소하는 것은 효과적이고 능력 있는 기도가 발 딛고 서 있는 토대를 싹둑 잘라버리는 일과 같다. 하나님에 대한 순종이 중생하지 않은 사람들에게는 가능하지 않다고 호소

함으로써 죄짓는 일을 변명하는 것은 중생의 특성을 무시하는 처사이며, 사람들을 효과적이고 능력 있는 기도가 불가능한 곳으로 내모는 행위이다.

한번은 예수님이 매우 적합한 개인적인 질문을 던지심으로써 불순종과 관련해 정곡을 찌르셨다. 그 자리에서 예수님은 이렇게 말씀하셨다.

"너희는 나를 불러 주여 주여 하면서도 어찌하여 내가 말하는 것을 행하지 아니하느냐. 내게 나아와 내 말을 듣고 행하는 자마다 누구와 같은 것을 너희에게 보이리라. 집을 짓되 깊이 파고 주추를 반석 위에 놓은 사람과 같으니 큰 물이 나서 탁류가 그 집에 부딪치되 잘 지었기 때문에 능히 요동하지 못하게 하였거니와 듣고 행하지 아니하는 자는 주추 없이 흙 위에 집 지은 사람과 같으니 탁류가 부딪치매 집이 곧 무너져 파괴됨이 심하니라 하시니라"(눅 6:46-49).

기도하고자 하는 사람은 반드시 순종해야 한다. 그 기도를 통해 무엇인가 얻고자 하는 사람은 하나님과 완벽한 조화를 이루며 살아야 한다. 기도는 순종의 영을 가지고 진심으로 기도하는 사람들에게 속한 것이다. 불순종의 영은 하나님께 속한 것이 아니며, 하나님의 기도하는 군대에 속한 것도 아니기 때문이다.

순종하는 삶은 기도에 커다란 도움을 준다. 실제로 순종하는 삶은 기도에 꼭 필요한 부분이며, 일을 성공적으로 이끄는 사람들에게 꼭 필요한 삶이다. 순종하는 삶이 없다면 기도는 단지 공허한 수행에 지나지 않으며 단순히 유명무실해질 뿐이다. 참회하는 죄인은 용서를 구하며 구원을 찾아 헤매는 가운데 설령 죄로 얼룩지고 방탕한 삶을 살았을지라도 어떻게든 기도 응답받을 수 있다. 그러나 왕 같은 하나님의 중보자들은 왕다운 삶으로 그분 앞에 나아와야 한다. 거룩한 삶은 거룩한 기도를 촉진한다. 하나님의 중보자들은 의롭고 순종적인 삶의 상징으로써 "거룩한 손을 높이 들어올려야 한다!"

거룩한 기도는 단지 중언부언하는 게 아니라 거기에 그토록 초월적인 위치를 부여하고 그로 말미암아 엄청난 결과를 얻게 되는 기도이다. 그것이 바로 성도들의 기도이자 하나님의 거룩한 사람들이 올려드리는 기도이다. 온 에너지와 불꽃을 태우는 그러한 기도 뒤에는 하나님께 전적으로 헌신하는, 죄와는 완벽히 구별되어 하나님께 충분히 성별된 남녀노소가 있다. 이 사람들이야말로 항상 기도에 에너지와 힘과 권능을 불어넣는 사람들이다.

우리 주 예수님은 기도에 탁월한 분이셨다. 왜냐하면 그분은 성스러움에도 탁월하셨기 때문이다. 하나님에 대한 전적인 헌신, 완전한 순복은 거룩한 성별의 불꽃을 태우는 가운데 모든 존재를 드리면서 이루어내는 것이다. 이 모든 것은 기도에 대한 믿음과 에너지에 날개를 달아준다. 그것은 은혜의 보좌로 나아가는 문을 열어줄 뿐만 아니라 전능하신 하나님께 강력한 영향력을 끼친다.

"거룩한 손을 높이 드는 것"은 예수님을 닮은 기도에서 본질적인 부분이다(딤전 2:8). 그러나 이것은 단순히 하나님께 골방을 내드리거나, 단지 그분께 일정한 시간을 따로 떼어놓는 성결만이 아니라 한 사람의 모든 존재를 단단히 붙잡는 동시에 하나님께 모든 삶을 내드리는 성별이다.

"거룩하고 악이 없고 더러움이 없고 죄인에게서 떠나 계시고 하늘보다 높이 되신"(히 7:26) 예수 그리스도는 기도하는 가운데 하나님께로 가까이 나아가는 완전한 자유를 누리셨다. 언제든지 하나님 아버지께로 나아갈 준비가 되어 있었다. 예수님은 하나님 아버지에 대한 절대적인 순종 덕분에 이처럼 자유롭게 완전히 그분께 나아갈 수 있었다. 지상의 모든 생애를 통해 그분의 최고 관심사와 소망은 하나님 아버지의 뜻을 행하는 것이었다. 그리고 이와 같은 사실과 다른 것을 결부시켜 생각해보면 그분의 삶을 온통 사로잡고 있었던 의식은 그분께 담대함과 확신을 불어넣었으며, 그로 말미암은 순종을 통해 생겨난 무한한 담대함, 그리고 수용과 응답을 가지고 은혜의 보좌로 가까이 나아갈 수 있으셨다.

사랑으로 가득한 순종은 확신을 두고 "그분의 이름으로 무엇이든지 구하면 그분이 그대로 행하시는” 곳으로 우리를 데려다주신다 (요 14:13-14 참조). 사랑 어린 순종은 기도의 세계 속으로 우리를 데려다주고, 우리와 함께 계시며 우리 안에 계시는 성령의 임재를 통해 우리에게 그리스도의 부요함과 그 은혜의 풍성함을 마음껏 누리는 수혜자가 되도록 이끌어준다. 하나님께 기쁘게 순종하는 일은 우리에게 더욱 효과적으로 기도할 수 있는 자격을 갖추게 한다. 기도할 수 있는 자격을 갖추게 할 뿐만 아니라 기도에 앞서는 이와 같은 순종은 사랑에 기초한 것이며, 언제나 한결같이 하나님 아버지의 뜻을 행하게 하고, 하나님의 계명을 지키는 길을 기쁨으로 따르게 한다.

예수님은 고난의 학교에서 순종을 배우셨으며, 그와 동시에 순종의 학교에서 기도를 배우셨다. 의로운 사람의 기도는 역사하는 힘이 크고 하나님께 순종하는 것이 바로 의로운 행위이다. 의로운 사람은 순종하는 사람이며, 그 사람이 자기 무릎을 꿇을 때 능력 있는 기도를 할 뿐만 아니라 위대한 일을 이룰 수 있다.

우리가 기억해야 하는 참된 기도는 단순한 감상이나 우아한 시가나 설득력 있는 말이 아니다. 진실한 기도는 달콤한 어조로 “주여, 주여” 부른다고 되는 것도 아니다. 기도란 단지 어떤 형식적인 말이 아니다. 그것은 단지 어떤 이름을 부르는 것도 아니다. 기도는 순종이다. 기도는 하나님에 대한 철썩 같은 순종 위에 기초해서 세워진다. 오직 순종하는 자만이 기도하는 권리를 얻게 된다. 기도의 이면에는 반드시 행동이 있어야 한다. 우리 주님이 분명하게 가르치신 것처럼 우리의 기도에 능력을 불어넣는 방법은 일상생활에서 하나님의 뜻을 끊임없이 행하는 것이다.

"나더러 주여 주여 하는 자마다 다 천국에 들어갈 것이 아니요 다만 하늘에 계신 내 아버지의 뜻대로 행하는 자라야 들어가리라. 그날에 많은 사람이 나더러 이르되 주여 주여 우리가 주의 이름으로 선지자 노릇 하며 주의 이름으로 귀신을 쫓아내며 주의 이름으로 많은 권능을 행하지 아니하였나이까 하리니 그때에 내가 그들에게 밝히 말하되 내가 너희를 도무지 알지 못하니 불법을 행하는 자들아 내게서 떠나가라 하리라"(마 7:21-23).

.

하나님의 뜻을 행하는 삶이 뒤따르지 않는다면 제아무리 귀중하고 강력하다 할지라도, 어떤 이름을 갖다 붙이더라도 우리의 기도를 보호하거나 그 기도에 능력을 불어넣지 못한다. 기도 없이는 그 어떤 행위도 하나님의 인정을 받지 못하는 사태로부터 보호받을 수 없다. 만약 하나님의 뜻이 그 삶을 다스리지 못한다면 그 기도는 단지 병약한 감상에 지나지 않을 것이다. 만약 기도가 우리 행실에 영감을 불어넣고 성별하며 인도해주지 못한다면 자기 의지가 들어가 행실 자체와 그 행위자 둘 다를 망하게 만든다.

기도의 참된 요소와 기능에 대한 여러 가지 오해가 얼마나 엄청나고 복잡다단한지 모른다. 기도 응답을 간절히 받고 싶어 하지만 아무런 보상과 축복을 받지 못하는 사람들이 부지기수다. 그런 사람들은 하나님의 약속에 마음을 단단히 고정해야 한다. 이처럼 어떤 위대한 약속에 마음을 고정하는 일은 믿음을 강화하는 데 유용할 수도 있지만, 그 약속을 이렇게 단단히 붙잡기 위해서는 우리 믿음이 탁월하게 자라나기까지 기대하며 기다리는 참을성 있고 끈질긴 기도가 더해져야 한다. 그러니까 기꺼이 지속적으로 하나님께 순종하는 사람 이외에 도대체 누가 그러한 기도를 계속해서 실행할 수 있단 말인가?

가장 고상한 형태의 믿음은 하나님께 순종하는 영혼의 행위일 뿐만 아니라 태도이기도 하다. 그 영혼 안에 하나님의 말씀과 성령이 머물러 있게 된다. 물론 믿음이 기도를 촉진하기 위해 반드시 이런저런 형태로 존재해야 하는 것도 사실이기는 하지만 그런데도 가장 강력한 형태이자 가장 커다란 결과로 나타나는 믿음은 기도의 열매이다. 믿음이 기도의 능력과 효능을 진작시키는 것이 사실이지만 기도가 믿음의 능력과 효능을 증진하는 것도 사실이다. 기도와 믿음은 서로 긴밀하게 작용하고 행동하며 반응한다.

하나님에 대한 순종은 다른 어떤 속성으로는 감히 해낼 수 없을 정도로 상당히 많이 믿음을 도와준다. 순종이 존재할 때 하나님의 거룩한 명령에 대한 무조건적인 인식인 믿음은 거의 초인간적인 자리에서 내려오게 된다. 순종은 믿음을 발휘하는 데 있어서 아무런 부담을 지우지 못한다. 하나님에 대한 순종은 하나님을 믿고 신뢰하는 일을 훨씬 수월하게 만든다. 믿음은 순종의 영이 그 영혼에 가득 스며들어 있는 곳에서, 그 의지가 하나님께 완전히 순복되는 곳에서, 하나님께 순종하겠다는 확고하고 변함없는 목적이 있는 곳에서 거의 저절로 생겨난다. 그러니까 믿음은 거의 무의식적이 된다. 순종 이후에는 믿음이 자연스럽게 이어지는 다음 행보이며, 수월하고 순조롭게 그러한 발걸음을 내딛게 된다. 기도에서 겪는 어려움은 믿음에 있는 게 아니라 믿음의 기초가 되는 순종에 있다.

만약 우리가 기도를 잘하고 우리의 기도를 최대한 활용하고 싶다면 하나님에 대한 우리 자신의 순종, 우리 행위의 은밀한 근원, 우리 마음의 충성심을 잘 살펴봐야 한다. 순종은 효과적이고 능력 있는 기도를 위한 기초 작업이다. 우리를 하나님께로 가까이 데려가는 것도 바로 이 순종이다.

우리의 삶에서 순종이 부족하면 기도가 무너지게 된다. 이와 같은 삶은 반역을 일으키는데, 이것은 거의 기도가 불가능한 곳으로 우리를 몰아간다. 그것이 용서의 자비를 구하는 경우를 제외하고는 말이다. 불순종하는 삶은 빈약하게 기도할 수밖에 없게 만든다. 불순종은 기도의 내실로 들어가는 문을 아예 닫아버리고, 지성소로 들어가는 길을 단단히 막아놓는다. 순종하지 않는 사람은 누구도 기도할 수 없다. 진정으로 기도할 수 없다.

모든 응답받는 기도의 일차적인 조건으로써 먼저 우리의 의지가 하나님께 순복해야 한다. 우리에 대한 모든 것은 우리 안에 가장 깊숙이 자리 잡은 성품을 따라 채색된다. 은밀한 의지가 성품을 만들고 행실을 다스리게 된다. 우리의 의지는 모든 성공적인 기도에서 매우 중요한 역할을 감당하게 된다. 우리의 의지가 하나님께 전적으로 순복하지 않는 곳에서는 어떤 기도도 있을 수 없다. 하나님에 대한 이 같은 변함없는 충성은 가장 좋고, 가장 진실하고, 가장 효과적인 기도의 절대불가결한 조건이다. 우리는 단지 신뢰하고 순종하기만 하면 된다. 예수님 안에서 행복해지는 다른 길은 아무 데도 없다. 오직 그분을 신뢰하고 순종하는 것뿐!

"너희가 내 안에 거하고 내 말이 너희 안에 거하면
무엇이든지 원하는 대로 구하라. 그리하면 이루리라" (요 15:7).

:
:

말씀을 펴서
약속을 붙잡고

에베소서 6장에서 바울이 제시하는 그리스도인 군사에 관한 묘사는 매우 간결하면서도 포괄적이다. 그 군사는 항상 싸움 가운데 있는 것으로 그려진다. 그러면서 끊임없이 격동하는 세월을 헤쳐 나가게 되는데, 거기에는 번영과 역경이 찾아오는 계절, 빛과 어둠이 찾아오는 계절, 승리와 패배가 찾아오는 계절이 있다. 이 군사는 사시사철, 시시각각 온갖 기도로 간구해야 하며, 여기에 담대히 싸우러 나갈 수 있도록 전신갑주를 더해야 한다. 언제든지 이 군사는 기도의 전신갑주로 완벽히 무장해야 한다. 그렇기에 그리스도인 군사가 싸워서 이기려면 아주 많이 기도해야 한다. 그 군사는 오직 이와 같은 수단을 통해서만 온갖 다양한 모습으로 나타나는 사악한 자들과 고약한 원수 사탄과 맞서 싸워서 단호히 물리칠 수 있게 된다.

"모든 기도와 간구를 하되 항상 성령 안에서 기도하고 이를 위하여 깨어 구하기를 항상 힘쓰며 여러 성도를 위하여 구하라"(엡 6:18). 이것이 바로 그리스도의 군사에게 하달된 하나님의 거룩한 명령이다. 이 명령은 모든 계절을 다 포괄하는 것이며, 온갖 형태의 기도를 다 아우르는 명령이다.

에베소서 6장 18절의 명령은 아주 많이 기도하는 것과 다양한 종류의 기도가 부득이하게 필요하다는 점에 대한 분명한 선언이다. 믿음의 선한 싸움을 싸우는 군사가 마침내 그 모든 대적을 물리쳐 승리를 거두기 위해서는 말이다.

그 단락의 본문을 다시 소개하면 이렇다.

"모든 기도와 간구를 하되 항상 성령 안에서 기도하고 이를 위하여 깨어 구하기를 항상 힘쓰며 여러 성도를 위하여 구하라. 또 나를 위하여 구할 것은 내게 말씀을 주사 나로 입을 열어 복음의 비밀을 담대히 알리게 하옵소서 할 것이니 이 일을 위하여 내가 쇠사슬에 매인 사신이 된 것은 나로 이 일에 당연히 할 말을 담대히 하게 하려 하심이라"(엡 6:18-20).

우리는 그리스도인의 삶이 전쟁이자 일평생 이어지는 치열한 싸움이라고 자주 언급하곤 한다. 더구나 그 싸움은 눈에 보이지 않는 적들과 벌이는 생명을 건 전투이다. 그 적들이란 언제나 깨어서 사람들의 영혼을 꼬드기고 속여 무너뜨리기 위해 두루 애쓰고 다니는 존재들이다. 성경에서 초대하는 삶은 전혀 즐거운 소풍이나 흥겨운 휴일 연회가 아니다. 그것은 신나는 취미생활도, 유쾌한 여행도 아니다. 거기에는 땀 흘리는 노력과 다툼이 수반된다. 그것은 적을 좌절시키고, 마침내 커다란 승리를 거두기 위해 우리 영의 모든 에너지를 쏟아붓도록 요구한다. 그것은 전혀 환락적인 삶도, 그럴듯해 보이는 방탕한 삶도 아니다.

처음부터 끝까지 전쟁이다. 처음 칼을 뽑는 순간부터 전투용 갑옷을 벗는 순간까지 그리스도인 군사는 "너는 그리스도 예수의 좋은 병사로 나와 함께 고난을 받으라. 병사로 복무하는 자는 자기 생활에 얽매이는 자가 하나도 없나니 이는 병사로 모집한 자를 기쁘게 하려 함이라. 경기하는 자가 법대로 경기하지 아니하면 승리자의 관을 얻지 못할 것이며 수고하는 농부가 곡식을 먼저 받는 것이 마땅하니라"(딤후 2:3-6)고 요구받을 수밖에 없다.

많은 사람이 그리스도인의 삶에 대해서 얼마나 크게 오해하고 있단 말인가! 보통 교인들이 그 싸움의 성격에 관해, 그리고 자신에게 요구되는 일들에 관해 얼마나 모르고 있는 것처럼 보인단 말인가! 만약 그 사람들이 하나님을 신실하게 섬기는 동시에 마침내 천국에서 생명의 면류관을 받으려 한다면 현재 자기가 맞서 싸우는 원수들에 관해서 정확히 깨닫고 있어야 한다. 그들은 세상과 육신과 사탄이 자신의 진격에 맞서 격렬하게 저항하는 탓에 어쩌면 처절하게 패배할지도 모른다는 사실을 거의 깨닫지 못하고 있다. 만약 끊임없이 파수꾼을 세워 쉬지 않고 기도하는 일에 전념하지 않는다면 말이다.

그리스도인 군사의 싸움은 혈과 육에 맞서 싸우는 것이 아니라 저 높은 곳에 머물러 있는 사악한 영적 세력들에 대한 싸움이다. 곧 "통치자들과 권세들과 이 어둠의 세상 주관자들과 하늘에 있는 악의 영들을 상대함이라"(엡 6:12). 얼마나 무서운 세력의 대적들이 이 세상의 광야를 통과해서 하늘 도성의 정문으로 들어가려는 사람들을 대적하고 있는지 모른다!

그러므로 이와 같은 그리스도인의 삶에 나타나는 특징을 너무나 잘 알고, 우리의 대적들이 얼마나 악하고 많은 숫자인지 매우 철저하게 깨닫고 있었던 바울을 만난 일은 우리에게 행운이다. 그렇기에 바울은 우리 주님의 제자들에게 그러한 대적과 맞서야 하므로 조심스럽고도 분명하게 "하나님의 전신갑주를 입으라"(엡 6:11)고, "모든 기도와 간구를 하되 항상 성령 안에서 기도하고 이를 위하여 깨어 구하기를 항상 힘쓰며 여러 성도를 위하여 구하라"(엡 6:18)며 촉구하고 있다.

우리와 더불어 주님을 믿는다고 말하는 모든 신앙 고백자가 이처럼 엄청나게 중요하고도 필수적인 진리로 인도될 수 있다면 오늘날의 세대는 엄청난 지혜를 얻게 될 것이다. 그 진리는 성공적인 그리스도인의 삶에 절대적으로 없어서는 안 될 요소이기 때문이다.

오늘날 수많은 그리스도인의 고백 중에서 가장 커다란 결점을 찾아낼 수 있는 것이 바로 이 지점이다. 거기에는 군사적인 요소가 거의 없거나 아예 없다. 군대생활에서 필요한 엄격한 훈련, 자기 부인, 고난을 이겨내는 정신이 대체로 부족하다. 그러나 그리스도인의 삶은 시종일관 '전쟁'이다.

그리스도인 군사에 대한 바울의 지침이 얼마나 포괄적이고 예리하며 놀랍단 말인가! 그리스도인 군사는 사탄을 쓰러뜨리고 자기의 영혼을 살리는 일에 목숨을 걸어야 한다. 다른 무엇보다 그리스도인 군사는 스스로 뛰어든 삶의 성격에 대한 명확한 개념을 소유하고 있어야 한다. 그러니까 자신의 대적에 대해 샅샅이 잘 알고 있어야 한다. 영원히 죽지 않는 우리 영혼의 대적, 그 대적의 강점, 역량, 악함에 관해서 말이다. 그러므로 대적의 특성을 잘 파악하고 그 대적을 무찌르기 위해서는 사도 바울의 결정적인 결론에 귀를 기울여야 한다.

"끝으로 너희가 주 안에서와 그 힘의 능력으로 강건하여지고 마귀의 간계를 능히 대적하기 위하여 하나님의 전신 갑주를 입으라. 우리의 씨름은 혈과 육을 상대하는 것이 아니요 통치자들과 권세들과 이 어둠의 세상 주관자들과 하늘에 있는 악의 영들을 상대함이라. 그러므로 하나님의 전신 갑주를 취하라. 이는 악한 날에 너희가 능히 대적하고 모든 일을 행한 후에 서기 위함이라"(엡 6:10-13).

이 모든 지침은 하나의 절정에서 끝나게 되는데, 그 절정은 바로 기도이다. 그리스도를 위해 싸우는 군사가 어떻게 하면 더 용감해질 수 있을까? 어떻게 하면 강한 군사가 더 강해질 수 있을까? 승리를 거둔 전사(戰士)를 어떻게 하면 더 많은 승리를 거둘 수 있게 할 수 있을까? 여기에 그와 같은 목적을 달성하기 위한 바울의 분명한 지침이 있다.

"모든 기도와 간구를 하되 항상 성령 안에서 기도하고 이를 위하여 깨어 구하기를 항상 힘쓰며 여러 성도를 위하여 구하라"(엡 6:18).

일상적인 기도에 더 많은 기도가 하나님의 선한 싸움을 싸우는 사람들의 전투 능력과 더욱 확실한 승리를 위해 추가된다. 기도의 권능은 한창 치열한 싸움이 전개되는 전장에 가장 강력한 힘을 불어넣는다. 바울은 탁월한 십자가의 군사였다. 바울에게 이와 같은 삶은 화려한 꽃무늬로 장식된 안락한 침실생활이 아니었다. 바울은 단지 열병식에나 동원되는 멋진 의장대가 전혀 아니었다. 그런 군인들의 유일한 임무는 특별 행사를 위해 맞춘 멋진 옷을 차려입고 위풍당당하게 걷는 일이 전부였다.

그러나 바울의 삶은 수많은 대적과 치열한 싸움을 벌여야 하는 전투였으며, 제대로 잠을 자지도 못하면서 불침번을 서야 하는, 끊임없이 수고해야 하는 삶이었다. 그 결과 우리는 이제 막바지에 이르러 결승점을 바라보면서 바울이 최후의 승전가를 부르는 소리를 듣게 된다.

"전제와 같이 내가 벌써 부어지고 나의 떠날 시각이 가까웠도다. 나는 선한 싸움을 싸우고 나의 달려갈 길을 마치고 믿음을 지켰으니 이제 후로는 나를 위하여 의의 면류관이 예비되었으므로 주 곧 의로우신 재판장이 그날에 내게 주실 것이며 내게만 아니라 주의 나타나심을 사모하는 모든 자에게도니라"(딤후 4:6-8).

이 단락의 행간을 읽으면서 우리는 사도 바울이 "이 모든 일에 우리를 사랑하시는 이로 말미암아 우리가 넉넉히 이기느니라"(롬

8:37)는 말씀대로 살았음을 깨닫게 된다!

바울은 로마 교인들에게 보낸 서신에서 그러한 삶을 살기 위해서는 어떤 종류의 기도가 필요한지 몇 가지 관점을 제시하면서 자신의 군인생활의 성격을 명확하게 가르쳐준다.

"형제들아 내가 우리 주 예수 그리스도와 성령의 사랑으로 말미암아 너희를 권하노니 너희 기도에 나와 힘을 같이하여 나를 위하여 하나님께 빌어 나로 유대에서 순종하지 아니하는 자들로부터 건짐을 받게 하고 또 예루살렘에 대하여 내가 섬기는 일을 성도들이 받을 만하게 하고 나로 하나님의 뜻을 따라 기쁨으로 너희에게 나아가 너희와 함께 편히 쉬게 하라. 평강의 하나님께서 너희 모든 사람과 함께 계실지어다. 아멘"(롬 15:30-33).

유대에도 바울의 대적들은 있었다. 곧 '믿지 않는 사람들' 과 같은 모습으로 바울을 괴롭히고 반대했던 대적들이다. 다른 여러 가지 중대한 이유에 더해서 이것은 바울이 로마에 있는 그리스도인들을 권해 "너희 기도에 나와 힘을 같이하여 나를 위하여 하나님께 빌어 달라"고 요청하기에 이를 정도였다. 여기서 "힘을 같이하여 기도한다"라는 말은 마치 싸우듯이 치열하게 온 힘을 다해 열심히 기도한다는 뜻이다. 이것이 바로 그리스도인 군사들이 경주해야 할 노력이요, 정신이자 영이다.

바울은 자신을 쓰러뜨리려고 애쓰는 사악한 세력들에 맞서서 엄청나게 치열한 싸움을 벌였던 훌륭한 군사이자 총사령관이었다. 바울의 기력은 이미 거의 다 소진되었다. 그렇다면 이제 바울이 어떤 지원군을 기대할 수 있단 말인가? 그러한 비상 상황에 처해 있는 군사에게 도대체 어떤 도움을 주어 승리를 쟁취할 수 있게 한단 말인가? 지금은 이 싸움에서 굉장히 중요한 순간이다. 그 자신의 기도 에너지에 과연 어떤 힘을 보탤 수 있단 말인가? 그 해답은 다른 사람들의 기도, 로마에 있는 형제들의 기도에 있었다. 바울이 믿기에 이러한 중보기도가 그 자신에게 추가적인 도움을 제공해서 바울이 싸움에서 이기고, 대적들을 물리쳐 궁극적으로 승리를 거둘 수 있게 하는 무기였다.

그리스도인 군사는 어느 때에든지, 어떤 환경에서든지 간에 무시로 어디서나 기도해야 한다. 그리스도인 군사의 기도는 치열한 싸움이 벌어지는 시간뿐만 아니라 평화의 시기 역시 포함되도록 습관화되어야 한다. 그 기도는 진격하면서 싸우는 중에도 가능해야 한다. 기도는 모든 노력에 널리 퍼져나가야 하며, 온갖 모험적인 시도에도 가득 스며들어야 하고, 갖가지 쟁점들을 결정해야 한다. 그리스도인 군사는 싸움에서와 마찬가지로 기도에서도 강력해야 한다. 왜냐하면 승리는 싸움 그 자체보다는 기도에 훨씬 더 크게 의존하기 때문이다.

뜨거운 간구가 꾸준한 결의에 더해져야 하며, 기도와 간구가 하나님의 전신갑주에 더해져야 한다. 성령께서 이 간구에 그분 자신의 맹렬한 탄원을 더하셔야 한다. 그러니까 그리스도인 군사는 성령 안에서 기도해야 한다. 이렇게 하는 것을 통해, 다른 여러 형태의 전투를 통해 이루어지는 영원한 불침번과 파수가 승리의 전제조건이자 대가이다. 이렇듯 주의 깊은 경계심과 끈기는 그리스도인 군사의 모든 활동을 특징지어야 한다.

병사의 기도는 모든 군대의 성공과 안녕을 위한 깊이 있는 관심을 반영해야 한다. 그 전투는 결코 개인적인 문제가 아니다. 오직 자기 자신을 위해 승리를 얻을 수 있는 것이 아니다. 거기에는 모든 그리스도의 군대가 관련되어 있다. 하나님의 명분, 그분의 성도들, 그 성도들의 고민과 시험거리, 온갖 임무와 십자가 등. 그리스도인 군사가 기도할 때 이 모든 것에 대해 기도의 목소리를 높여야 하며, 탄원하는 자가 되어야 한다. 그 군사는 감히 자기 자신에게만 기도를 제한해서는 안 된다. 그 어떤 것도 이기적인 기도만큼 영적인 샘물을 마르게 하지 못하며, 이기적인 기도만큼 영적인 생명의 수원지를 오염시키지 못하고, 이기적인 기도만큼 치명적인 방식으로 악영향을 끼치지는 못한다.

기도가 더해지지 않는다면 그리스도인의 전신갑주는 그 자신에게 아무런 소용이 없다. 기도는 하나님의 전신갑주를 서로 이어주는 연결고리이자 중심축이다. 기도는 그것을 서로 함께 단단히 붙잡아 주며, 그것이 더욱 효과적으로 연결되도록 만든다. 진정한 하나님의 군사는 기도와 함께 군사작전을 계획하고, 전투부대를 배치하며, 온갖 싸움을 벌인다. 기도가 삶에 깊숙이 스며들어 모든 호흡이 탄원으로, 모든 숨결이 간구로 바뀌는 것은 승리를 거두기 위해서 굉장히 중요하며, 승리에 절대적으로 필요한 부분이다. 그리스도인 군사는 언제나 싸움을 벌이고 있어야 한다. 그와 동시에 항상 기도하고 있어야 한다.

그리스도인 군사는 끊임없는 경계 임무에 나설 수밖에 없다. 그리스도인 군사는 전혀 잠을 자지 않고 언제나 경계를 늦추지 않는 적들과 맞서서 싸워야 한다. 그리고 전쟁으로 누릴 수 있는 행운을 최대한 선용하기 위해 항상 준비되어 있어야 한다. 경계 태세를 늦추지 않는 일이야말로 그리스도의 군사에게 가장 중요한 원칙이며, "파수하고 기도하라"는 음성이 영원토록 그 귀에 울려 퍼져야 한다. 그 군사는 자기 진영에서 감히 잠들 수 없다. 그러한 순간적인 실수는 자기를 구원하신 대장을 불쾌하게 할 뿐만 아니라 자기 역시 더 많은 위험에 노출되게 만든다. 그러므로 경계 태세를 늦추지 않는 것은 주님의 군사가 반드시 감당해야 할 임무 가운데 하나이다.

신약성경에는 '파수하다'(watch)는 용어를 번역하기 위해 사용된 세 가지 다른 단어가 등장한다. 첫 번째 단어는 '잠을 자지 않는 상태'를 뜻하는 것으로, 노곤함과는 상반되는 늘 깨어 있는 마음 상태를 가리킨다. 이 말은 계속해서 깨어 있으며, 용의주도하고 주의를 기울이며, 조금도 방심하지 않도록 하라는 명령이다. 두 번째 단어는 '말짱하게 깨어 있다'라는 뜻으로 어떤 활발한 활동이나 노력으로 말미암아 유발된 상태를 가리킨다. 만약 부주의나 나태함으로 인한 어떤 파괴적인 재앙도 갑작스럽게 밀어닥치지 않고 있다면 그것은 주의력과 관심을 기울이는 능력이 신중하면서도 활발하게 발휘되는 상태이기 때문이다. 세 번째 단어는 '영이 매우 차분하고 침착해진다'라는 뜻으로 졸리거나 흐릿해지는 영향력에 초연하고 동요하지 않는 것, 온갖 위험과 속임수에 맞서 경계를 풀지 않는 것을 가리킨다.

이 세 가지 정의는 모두 사도 바울이 사용한 것이다. 그 가운데 두 가지는 기도와 관련해서 사용하고 있다. 경계 태세를 강화하는 일은 기도에 꼭 필요한 선결조건이다. 경계 태세를 늦추지 않는 일은 영적인 사람을 전반적으로 지켜주고 보호해주며 그 사람이 기도에 적합하게 만들어준다. 준비 태세를 갖추지 않거나 경계 임무를 소홀히 하는 것과 닮은 모든 일은 기도를 고사시키는 행위이다.

에베소서에서 사도 바울은 끊임없이 경계를 늦추지 않아야 하는 임무에 대해 탁월한 말씀을 제시한다. "온갖 기도와 간구로 언제나 성령 안에서 기도하십시오. 이것을 위하여 늘 깨어서 끝까지 참으면서 모든 성도를 위하여 간구하십시오"(엡 6:18, 새번역). 바울은 말하기를 깨어 있어라, 깨어 있어라, 깨어 있어라. "깨어 있으라. 내가 너희에게 하는 이 말은 모든 사람에게 하는 말이니라"(막 13:37).

잠을 자지 않고 경계를 서는 일은 자신의 영적인 대적을 이기고 승리를 거두기 위해 치러야 할 대가이다. 사탄은 절대로 잠들지 않는다는 사실을 얼마든지 확신해도 좋다. 그래서 사도 베드로는 이렇게 권면한다.

"근신하라. 깨어라. 너희 대적 마귀가 우는 사자같이 두루 다니며 삼킬 자를 찾나니 너희는 믿음을 굳건하게 하여 그를 대적하라. 이는 세상에 있는 너희 형제들도 동일한 고난을 당하는 줄을 앎이라"(벧전 5:8-9).

늑대가 자기 양들을 잡아먹지 못하도록 목자가 부주의하거나 경계를 늦추어서는 안 되는 것과 마찬가지로 그리스도인 군사도 자기 영혼의 소유물을 잃어버리지 않도록 잠이 들거나 부주의해서는 안 된다. 기도와 절대 떨어질 수 없는 동반자이자 안전보호장치는 물샐 틈 없는 깨어 있음, 격상된 경계 태세를 유지하는 것이다. 골로새서에서 사도 바울은 서로 떨어질 수 없는 이 두 가지 자질을 함께 묶어서 "기도를 계속하고 기도에 감사함으로 깨어 있으라"(골 4:2)고 권면한다.

하나님의 교회는 군대이다. 그 군대가 벌이는 전쟁은 우리의 눈에 보이지 않는 악한 세력들과 싸우는 일이다. 하나님의 사람들은 이 땅에 하나님의 나라를 세우기 위해 싸우는 군대의 일원이다. 그 군대의 목표는 사탄의 권세를 깨부수는 것이며, 사탄을 파멸시킨 곳에 하나님의 나라를 세우는 일이다. "하나님의 나라는 먹는 것과 마시는 것이 아니요 오직 성령 안에 있는 의와 평강과 희락이라"(롬 14:17). 이 군대는 각각 십자가의 군병으로 구성되며 방어를 위해 하나님의 전신갑주가 필요하다. 기도는 이 모든 군대에 면류관을 씌우기 위해 반드시 추가되어야 한다.

그러니까 하나님의 크신 능력 안에 머물러 있으라.
하나님의 모든 힘을 부여받도록 하라.
그러나 싸움터로 나가는 당신을 무장하기 위하여
하나님의 전신갑주를 취하라.

기도는 너무 단순하고 분명한 임무라서 굳이 정의할 필요가 없다. 필요성은 기도의 존재와 모양을 결정한다. 기도의 중요성은 너무나 절대적이라서 아무리 폭넓고 강하게 기도하더라도, 그리스도인 군사의 삶이 아무리 폭넓고 치열할지라도 여전히 기도하는 삶이어야 한다. 그리스도인 군사의 전반적인 삶, 곧 그 존재, 목적, 함축적인 의미, 그리고 행동은 모두 기도의 삶에 달려 있다. 그리스도인 군사의 삶은 기도가 없다면 다른 어떤 것을 소유했다 할지라도 허약하고 효과적이지 못할 것이며, 영적인 대적들의 손쉬운 먹잇감으로 전락하고 말 것이다.

만약 기도가 삶 가운데 높은 자리를 차지하고 있지 않다면 그리스도인의 체험은 시들어버리고, 그리스도인의 영향력은 무미건조해지고 말 것이다. 기도가 없다면 그리스도인의 은혜는 시들어서 말라 죽고 말 것이다. 기도가 없다면 설교도 무디고 헛된 일일 뿐이며, 복음도 날개와 허리를 잃어버릴 수밖에 없다. 우리 주 예수님은 기도를 제정하신 분이며, 바울은 기도의 사도이다. 두 분 모두 기도의 절대적인 중요성을 선포하고 있으며, 기도의 불가피성에 관한 사실을 분명히 보여주고 있다. 두 분의 기도 지침은 모든 장소를 다 포괄하고, 모든 시간을 다 포함하며, 모든 것을 다 아우른다. 그러므로 그리스도인 군사가 기도의 능력으로 강해지지 않는다면 도대체 어떻게 승리를 소망하거나 꿈꿀 수 있겠는가? 만약 하나님의 전신갑주를 입는 것에 더해 언제 어디서나 쉬지 않고 "기도에 깨어 있다"면 도대체 어떻게 그 군사가 실패할 수 있겠는가?

하나님의 말씀은 기도의 기록이라고 해도 과언이 아니다. 다시 말해 하나님의 말씀은 기도하는 사람들과 그들의 성취, 기도에 대한 신적인 근거, 기도하는 사람들에게 허락되는 격려 등에 대한 기록이다. 하나님의 명분과 이 세상에서 그분의 일에 대한 성공 여부는 전적으로 기도에 달려 있다는 사실, 그리고 기도하는 사람들은 이 땅에서 하나님의 대리자였다는 사실, 기도하지 않는 사람들은 하나님과 협력한 적이 전혀 없었다는 사실 등에 대해서 올바로 인식하지 못한다면 누구도 전적으로 기도와 관련된 사례, 명령, 본보기, 다양한 형태의 진술들을 제대로 읽어낼 수 없다.

하나님의 거룩한 이름에 대한 경외심은 하나님의 말씀에 대한 높은 평가와 밀접하게 관련되어 있다. 하나님의 이름을 거룩히 여기는 것, 하늘에서 이루어진 것처럼 이 땅에서 하나님의 뜻을 행하는 능력, 하나님의 나라를 세우고 영광을 돌려드리는 일 등은 예수님이 사람들에게 보편적인 기도를 가르치셨을 때와 마찬가지로 기도와 상당히 많이 관련되어 있다. 사람들이 "항상 기도하고 낙심하지 말아야 할 것"(눅 18:1)은 예수 그리스도께서 영원한 시간이라는 배경 가운데서 끈질긴 과부의 비유 안에 엄청난 진리를 소중하게 간직하고 계셨던 때와 마찬가지로 오늘날에도 역시 하나님의 명분에 기초가 된다.

현대의 교회에서 여러 거룩한 직분 가운데 기도의 은사가 가장 중요하므로 하나님의 집이 '기도하는 집'이라 불리는 것과 같은 이유에서 성경은 '기도의 책'이라 불릴 수 있다. 기도는 인류를 향한 성경의 메시지 가운데 굉장히 거대한 주제이자 내용이다.

하나님의 말씀은 믿음의 기도에 관한 안내서이자 기초이다. 그래서 사도 바울은 이렇게 말했다.

"이 모든 것 위에 사랑을 더하라. 이는 온전하게 매는 띠니라. 그리스도의 평강이 너희 마음을 주장하게 하라. 너희는 평강을 위하여 한 몸으로 부르심을 받았나니 너희는 또한 감사하는 자가 되라. 그리스도의 말씀이 너희 속에 풍성히 거하여 모든 지혜로 피차 가르치며 권면하고 시와 찬송과 신령한 노래를 부르며 감사하는 마음으로 하나님을 찬양하고 또 무엇을 하든지 말에나 일에나 다 주 예수의 이름으로 하고 그를 힘입어 하나님 아버지께 감사하라"(골 3:14-17).

이처럼 우리 안에 풍성히 거하는 예수님의 말씀이 완벽히 변화되고 소화될 때 그것은 기도를 통해 흘러나오게 된다. 믿음은 말씀과 성령으로 이루어지며 기도의 본체이자 본질이다.

기도는 여러 양상 가운데 하나님의 말씀에 상당히 많이 의존한다. 그래서 예수님은 이렇게 말씀하셨다.

"너희가 내 안에 거하고 내 말이 너희 안에 거하면 무엇이든지 원하는 대로 구하라. 그리하면 이루리라"(요 15:7).

하나님의 말씀은 기도의 지렛대를 올려놓아야 할 버팀목이며, 그로 말미암아 모든 일이 강력하게 움직이게 된다. 하나님은 기도에 그분 자신, 그분의 목적, 그분의 약속을 모두 투영하신다. 하나님의 말씀은 우리 기도의 기초이자 영감의 원천이다. 끈질긴 기도를 통해 우리는 하나님의 약속에 더해 무엇인가를 얻거나 그 약속을 더욱 확장할 수도 있는 여러 환경으로 나아가게 된다. 옛 성도들은 "믿음으로 약속을 얻는다"라고 말했다. 그러니까 기도에는 그 말씀을 훨씬 뛰어넘어, 그분의 약속을 훨씬 뛰어넘어, 바로 그 하나님의 임재, 곧 그분 자신 속으로 나아가는 능력이 있다.

야곱은 더 많은 약속을 달라고 매달린 게 아니라 그 약속을 허락하시는 분과 더불어 다투었다. 만약 그 약속이 제대로 실행되지 않는다면 우리는 그 약속을 내놓은 하나님을 단단히 붙잡아야 한다. 그래서 기도는 하나님을 단단히 붙잡음으로써 하나님의 말씀에 활력과 에너지를 불어넣는 힘이라고 정의할 수 있다. 약속의 당사자를 단단히 붙잡음으로써 기도는 그 약속을 다시 내놓는 동시에 개인적인 것으로 만들게 된다. "주의 이름을 부르는 자가 없으며 스스로 분발하여 주를 붙잡는 자가 없사오니 이는 주께서 우리에게 얼굴을 숨기시며 우리의 죄악으로 말미암아 우리가 소멸되게 하셨음이니이다"(사 64:7)는 말씀은 우리 주님의 구슬픈 한탄을 배경으로 하고 있다. "내 힘을 의지하고 나와 화친하며 나와 화친할 것이니라"(사 27:5)는 말씀은 기도를 위한 우리 주님의 비결이다.

성경적인 근거에 따라서 기도는 믿음의 탄원과 순복의 탄원으로 나누어질 수 있다. 믿음의 기도는 기록된 말씀에 기초하는데, 이는 "그러므로 믿음은 들음에서 나며 들음은 그리스도의 말씀으로 말미암았"(롬 10:17)기 때문이다. 기도는 필연적으로 기도한 바로 그것을 응답으로 받는다.

순복의 기도는 말하자면 명확한 약속의 말씀이 없지만 깊이 뉘우치는 낮은 영을 가지고 하나님을 단단히 붙잡고서 그분께 간구하며 탄원하는 것이다. 왜냐하면 그것이 바로 그 영혼이 간절히 바라는 것이기 때문이다. 아브라함에게는 하나님께서 소돔을 구원하시리라는 아무런 확실한 약속이 없었다. 모세에게도 하나님께서 이스라엘을 구원하시리라는 확실한 약속이 전혀 없었다. 그와는 반대로 오히려 하나님의 진노하심과 그로 말미암아 이스라엘을 멸하시겠다는 결심에 대한 선포만이 있었다. 그러나 이 헌신된 지도자가 쉴 새 없는 기도와 엄청난 슬픔으로 이스라엘을 위해서 중보했을 때 하나님은 모세의 탄원을 들어주셨다. 다니엘에게도 하나님께서 왕의 꿈에 대한 의미를 자신에게 계시하시리라는 확실한 약속이 전혀 없었지만 다니엘은 구체적으로 기도했으며, 하나님은 확실하게 응답하셨다.

하나님의 말씀은 기도의 과정과 연습을 통해 효력을 발휘하며 제대로 작동한다. 주님의 말씀이 엘리야에게 임하셨다. "너는 가서 아합에게 보이라. 내가 비를 지면에 내리리라"(왕상 18:1). 그래서 엘리야는 이를 보이려고 아합에게 달려갔다. 그러나 엘리야가 하나님께 불같이 뜨거운 기도를 일곱 번이나 강하게 올려드리기 전까지는 기도 응답이 임하지 않았다.

바울에게는 자신이 "사람들과 이방인들로부터 구원받을 것이라"

는 그리스도의 명백한 약속이 있었지만, 오히려 우리는 바로 이 문제에 관해 절박하고 엄숙한 방식으로 로마 교인들에게 권고하는 바울의 모습을 발견하게 된다.

"형제들아 내가 우리 주 예수 그리스도와 성령의 사랑으로 말미암아 너희를 권하노니 너희 기도에 나와 힘을 같이하여 나를 위하여 하나님께 빌어 나로 유대에서 순종하지 아니하는 자들로부터 건짐을 받게 하고 또 예루살렘에 대하여 내가 섬기는 일을 성도들이 받을 만하게 하고 나로 하나님의 뜻을 따라 기쁨으로 너희에게 나아가 너희와 함께 편히 쉬게 하라. 평강의 하나님께서 너희 모든 사람과 함께 계실지어다. 아멘"(롬 15:30-33).

하나님의 말씀은 기도에 엄청나게 많은 도움을 준다. 만약 그것이 우리의 마음에 꽂혀서 새겨져 있다면 그건 쉽게 억누를 수 없을 정도로 가득 흘러넘치는 기도의 물결을 형성하게 될 것이다. 우리의 마음에 쌓인 약속들은 기도에 생명과 온기를 불어넣는 연료가 될 것이다. 마치 창고에 가득 쌓인 석탄이 거센 비바람이 부는 날과 차가운 한겨울 밤에 우리의 마음에 커다란 위안을 주는 것과 마찬가지로 말이다. 하나님의 말씀은 기도에 자양분을 제공해서 강하게 키우는 양식이다. 사람과 마찬가지로 기도 역시 "떡으로만 살 것이 아니요

하나님의 입으로부터 나오는 모든 말씀으로" 살아야 한다(마 4:4).

하나님의 말씀으로 기도에 생명력을 공급하지 않는다면 아무리 절박한 기도를 아무리 뜨겁게 큰소리로 외치더라도 그 기도는 사실상 무기력하고 맥빠진 공허한 울림에 지나지 않는다. 기도에 생명력이 없는 경우라면 그것은 하나님의 말씀을 끊임없이 새롭게 공급해 주지 않았던 데서 원인을 찾을 수 있다. 바로 그 말씀을 통해 쓸모없는 것을 바로잡고 생명 있는 것을 새롭게 할 수 있기 때문이다. 기도를 잘하는 법을 배우고 싶은 사람은 먼저 하나님의 말씀을 깊이 있게 묵상해서 마음과 생각 속에 그 말씀을 쌓아두어야 한다.

하나님의 말씀을 참고해 보면 우리는 어떤 의무도 기도의 의무보다 더 구속력 있고 정확하지 않다는 사실을 발견하게 된다. 다른 한편으로 우리는 다른 어떤 특권도 기도보다 더 높이 칭송받지 못하며, 어떤 습관도 기도보다 더 풍성하게 하나님을 소유하지 못한다는 사실을 깨닫게 된다. 어떤 약속도 기도와 관련된 약속보다 더 환히 빛나고, 더 풍성하며, 더 명쾌하고, 더 자주 반복되지 않는다. '무엇이든지 모든 것'을 약속받고 있기 때문에 기도를 통해 '무엇이든지 모든 것'을 받게 된다(마 21:22, 막 11:24).

기도에 대한 약속에 포함된 조항에는 아무런 제한이 없으며, 기도의 약속으로부터 아무도, 아무것도 배제하지 못한다. "구하라. 그리하면 너희에게 주실 것이요 찾으라. 그리하면 찾아낼 것이요 문을 두드리라. 그리하면 너희에게 열릴 것이니 구하는 이마다 받을 것이요 찾는 이는 찾아낼 것이요 두드리는 이에게는 열릴 것이니라"(마 7:7-8, 눅 11:9-10). 우리 주님의 말씀은 이처럼 모든 것을 아우르는 결과를 낳는다. "너희가 내 이름으로 무엇을 구하든지 내가 행하리니 이는 아버지로 하여금 아들로 말미암아 영광을 받으시게 하려 함이라. 내 이름으로 무엇이든지 내게 구하면 내가 행하리라"(요 14:13-14).

여기에 기도에 관한 하나님의 말씀에서 매우 포괄적인 언급, 기도로 말미암아 받아들여지는 것들, 기도 응답에 관한 강력한 약속 중에서 일부를 모아봤다.

"항상 기뻐하라. 쉬지 말고 기도하라. 범사에 감사하라. 이것이 그리스도 예수 안에서 너희를 향하신 하나님의 뜻이니라"(살전 5:16-18).

"기도를 계속하고 기도에 감사함으로 깨어 있으라"(골 4:2).

"소망 중에 즐거워하며 환난 중에 참으며 기도에 항상 힘쓰며"(롬 12:12).

"아무것도 염려하지 말고 다만 모든 일에 기도와 간구로 너희 구할 것을 감사함으로 하나님께 아뢰라"(빌 4:6).

"항상 기도하고 낙심하지 말아야 할 것"(눅 18:1).

"그러므로 각처에서 남자들이 분노와 다툼이 없이 거룩한 손을 들어 기도하기를 원하노라"(딤전 2:8).

"모든 기도와 간구를 하되 항상 성령 안에서 기도하고 이를 위하여 깨어 구하기를 항상 힘쓰며 여러 성도를 위하여 구하라"(엡 6:18).

우리에게 믿음의 확실한 기초를 제공하기 위해, 우리에게 기도하도록 요청하고 격려하기 위해 거룩한 말씀에 기록해 놓은 것들은 얼마나 명확하고 강력한 선언이란 말인가! 거룩한 하나님의 계시에서 우리에게 주신 말씀들처럼 기도에 관한 말씀의 범위가 얼마나 넓고 크단 말인가! 이런 말씀들이 우리의 온갖 필요와 짐을 비롯해서 기도로 하나님을 찾도록 우리를 얼마나 많이 격려한단 말인가!

우리를 격려하기 위해 기록된 성경 말씀에 남겨두신 이러한 진술에 더해서 거룩한 성경에는 기도에 관한 사실, 본보기, 사례, 소견, 기도의 중요성과 절대적인 필요성에 대한 강조, 강하게 설복시키는 기도의 능력에 대한 강조 등으로 가득하다.

하나님의 풍성한 약속에 최대한 다가가서 충분한 유익을 얻기 위해서는 우리가 그것을 겸손하게 받아들여야 하며, 또한 찬찬히 시험해 봐야 한다. 이것을 다 끝마칠 때까지 세상은 절대로 복음의 충만한 유익을 받아들이지 않을 것이다. 이처럼 신성한 약속이 기도하는 사람들을 통해 충분히 검증될 때까지 그리스도인의 경험이나 그리스도인의 삶은 둘 다 마땅히 그래야 하는 모습으로 절대로 바뀌지 않을 것이다. 기도를 통해 우리는 이처럼 거룩한 하나님의 뜻에 대한 약속을 구체적이고, 실제적인 영역의 세계로 가져오게 된다. 기도는 그것을 황금으로 바꿔주는 철학자의 돌이다.

하나님의 약속이 실현되도록 하기 위해서는 무슨 일을 해야 하느냐고 묻는다면 그 대답은 약속의 말씀들이 풍성한 성취의 옷을 입기까지 우리가 계속 기도해야 한다는 것이다.

하나님의 약속은 모두 너무나 크기에 두서없는 기도로는 완벽히 통달하기 어렵다. 우리가 자기 자신을 꼼꼼히 살펴볼 때 너무나 자주 우리의 기도가 각 상황에서 요구하는 수준에까지 다다르기에는 턱없이 부족하다는 사실, 우리의 기도가 너무나 제한적이라서 죄악으로 가득한 쓰레기 더미와 사막 같은 이 세상에서 어쩌다가 오아시스를 만난 것과 마찬가지라는 사실을 발견하게 된다. 우리 가운데 어느 누가 과연 기도하는 가운데 우리 주님의 이와 같은 약속에까지 온전히 다다를 수 있겠는가?

> "내가 진실로 진실로 너희에게 이르노니 나를 믿는 자는 내가 하는 일을 그도 할 것이요 또한 그보다 큰일도 하리니 이는 내가 아버지께로 감이라"(요 14:12).

이것이 얼마나 광범위하게 영향을 미치는 약속이란 말인가! 여기에는 하나님의 영광이 얼마나 많이 담겨 있으며, 인간의 유익이 얼마나 많이 담겨 있단 말인가! 그리스도의 보좌에서 흘러나오는 능력이 얼마나 많이 담겨 있으며, 풍성한 믿음에 대한 보상이 얼마나 많이 담겨 있단 말인가! 또한 적합한 믿음의 기도를 발휘함으로써 쌓이게 되는 결과가 얼마나 거대하고 은혜롭단 말인가!

여기서 잠깐 하나님의 거대한 약속 중에서 또 다른 하나를 살펴보자. 그러면 우리가 기도할 때 그 말씀으로 얼마나 든든히 뒷받침받을 수 있는지, 그리고 하나님께 탄원하려고 할 때 얼마나 견고한 토대 위에 설 수 있는지를 발견할 수 있다.

> "너희가 내 안에 거하고 내 말이 너희 안에 거하면 무엇이든지 원하는 대로 구하라. 그리하면 이루리라"(요 15:7).

이러한 포괄적인 말씀을 통해 하나님은 그분의 백성들이 요구하는 뜻에 자기 자신을 내맡기신다. 예수님이 우리의 전부가 되실 때 기도는 하나님의 보화를 우리 발 앞에 놓아두게 한다. 초기 기독교 사회에서는 그 상황에 대한 수월하고 실제적인 해결책이 있었으며, 틀림없이 하나님이 주신 모든 것을 가지고 있었다. 그와 같은 단순하고 간결한 해결책이 요한일서에 기록되어 있다.

"무엇이든지 구하는 바를 그에게서 받나니 이는 우리가 그의 계명을 지키고 그 앞에서 기뻐하시는 것을 행함이라"(요일 3:22).

사랑 넘치는 순종과 더불어 연결된 기도는 하나님을 시험으로 몰아가 기도가 모든 목적과 모든 일에 응답하게 한다. 하나님의 말씀과 연합된 기도는 하나님의 모든 선물을 거룩하고 신성하게 만든다. 기도는 단지 하나님께 어떤 것을 얻어내는 게 아니라 이미 하나님께 받은 것을 거룩하게 하는 순종이다. 기도는 단지 축복을 얻어내는 게 아니라 축복을 나눠줄 수 있도록 하는 섬김이다. 기도는 일반적인 것을 거룩하게 만들고, 세속적인 것을 신성하게 만든다. 기도는 감사함으로 하나님께 어떤 것을 받을 뿐만 아니라 감사하는 마음과 헌신된 섬김으로 그것을 거룩하게 하는 것이다.

그렇기에 사도 바울은 디모데전서에서 이렇게 말했다.

"하나님께서 지으신 모든 것이 선하매 감사함으로 받으면 버릴 것이 없나니 하나님의 말씀과 기도로 거룩하여짐이라"(딤전 4:4-5).

이것은 단순한 금욕주의에 부정적인 견해를 피력하는 말씀이다. 하나님이 주시는 좋은 선물은 하나님의 창조적인 권능을 드러낼 뿐 아니라 우리를 거룩하게 만든다. 우리는 기도를 통해 응답받은 하나님의 은혜를 적절하게 사용할 때 거룩한 하나님의 자녀가 된다.

하나님의 뜻을 행하는 것, 그리고 우리 안에 하나님의 말씀이 거하도록 하는 순종은 효과적이고 능력 있는 기도를 위해 꼭 필요한 일이다. 그러나 이런 질문을 던질 수도 있을 것이다. 그렇다면 과연 우리가 어떻게 하나님의 뜻을 알 수 있단 말인가? 그 대답은 하나님의 말씀을 연구함으로써, 우리 마음속에 그 말씀을 새김으로써, 우리 안에 그 말씀이 풍성하게 거하도록 함으로써 가능하다.

"그러므로 내가 주의 계명들을 금 곧 순금보다 더 사랑하나이다. 그러므로 내가 범사에 모든 주의 법도들을 바르게 여기고 모든 거짓 행위를 미워하나이다. 주의 증거들은 놀라우므로 내 영혼이 이를 지키나이다. 주의 말씀을 열면 빛이 비치어 우둔한 사람들을 깨닫게 하나이다. 내가 주의 계명들을 사모하므로 내가 입을 열고 헐떡였나이다"(시 119:127-131).

기도하는 가운데 하나님의 뜻을 알기 위해서는 하나님의 성령으로 충만해져야 하는데, 그 성령은 하나님의 뜻에 따라 성도들을 위해 성도 안에서 중보하시는 분이다. 하나님의 성령으로 충만해지는 것, 하나님의 말씀으로 충만해지는 것은 다름 아닌 하나님의 뜻을 아는 일이다. 그것은 그러한 사고의 틀 속으로 들어가는 것이며, 그러한 마음 상태로 발견되는 것이다. 마치 그것이 우리에게 무한하신 분의 목적을 올바로 읽고 해석할 수 있도록 도와주는 것과 마찬가지로 말이다. 이처럼 말씀과 성령으로 우리 마음을 가득 채우는 일은 우리에게 하나님 아버지의 뜻에 대한 통찰을 허락하며, 우리에게 하나님 아버지의 뜻을 올바로 분별할 수 있게 하고, 우리의 내면에서 생각과 마음의 기질을 활용해서 우리 삶의 안내자와 나침반이 되게 한다.

그리스도 예수의 종인 에바브라가 "항상 너희를 위하여 애써 기도하여 너희로 하나님의 모든 뜻 가운데서 완전하고 확신 있게 서기를 구하나니"(골 4:12)라고 골로새 사람들을 위해 기도한 것은 우리가 하나님의 모든 뜻을 알 수 있다는 긍정적인 증거이다. 우리는 하나님의 모든 뜻을 알 수 있을 뿐만 아니라 하나님의 모든 뜻을 행할 수 있다. 우리는 때때로, 또는 확고한 습관으로 자리 잡은 상태에서 하나님의 모든 뜻을 행할 수 있다. 더구나 우리는 겉으로 하나님의 뜻을 행할 수 있을 뿐만 아니라 아무런 거리낌이나 은밀한 나태함,

또한 우리 주님의 친밀한 임재에서 뒤로 물러나거나 망설임 없이 얼마든지 마음에서 우러나오는 기쁨으로 그 뜻을 행할 수 있다. 이것이 말씀을 펴서 약속을 붙잡고 은혜를 사모하며 기도할 때 나타나는 강력한 기도의 생명력이다.

기도는 말씀 선포의 성공을 좌우한다. 사도 바울은 데살로니가 교인들에게 했던 매우 친숙하고 긴급한 요청을 통해 이것을 명확하게 가르치고 있다.

"끝으로 형제들아 너희는 우리를 위하여 기도하기를 주의 말씀이 너희 가운데서와 같이 퍼져 나가 영광스럽게 되고 또한 우리를 부당하고 악한 사람들에게서 건지시옵소서 하라. 믿음은 모든 사람의 것이 아니니라. 주는 미쁘사 너희를 굳건하게 하시고 악한 자에게서 지키시리라"(살후 3:1-3).

기도는 아무런 방해나 장애 없이 하나님의 말씀으로 나아가는 길을 열어주고, 그 목적을 성취하도록 하나님의 말씀에 호의적인 분위기를 만들어준다. 기도는 하나님의 말씀에 바퀴를 달아주고, 주님의 천사들에게 날개를 달아주어 "또 보니 다른 천사가 공중에 날아가는데 땅에 거주하는 자들 곧 모든 민족과 종족과 방언과 백성에게 전할 영원한 복음을 가졌더라"(계 14:6)는 말씀대로 이루어지게 한다. 기도는 우리 주님의 말씀에 엄청난 도움을 준다.

씨 뿌리는 자의 비유는 말씀 선포와 관련해서 주목한 말한 교훈을 담고 있다. 말씀 선포로 나타나는 서로 다른 효과를 잘 보여주고, 말씀을 듣는 청중이 얼마나 다양한지 잘 묘사하고 있다. 길가에 떨어진 씨앗과 같은 청중은 무수히 많다. 그 땅은 사전에 기도로 마음의 준비가 전혀 되어 있지 않은 상태이다. 그 결과 사탄은 그 씨앗(하나님의 말씀)을 쉽게 없애 버리고, 온갖 좋은 인상을 지워버린 나머지 씨 뿌리는 자의 수고를 아무런 소용이 없게 만든다. 만약 청중이 미리 기도와 묵상으로 자기 마음의 땅을 잘 가꾸었다면 수많은 씨앗이 풍성한 열매를 맺었을 것이다.

돌밭이나 가시 떨기나무에 떨어진 씨앗과 같은 청중도 역시 그와 마찬가지다. 비록 하나님의 말씀이 그 마음에 떨어져 조금씩 싹트기 시작할지라도 머지않아 그 모든 것이 사라지게 된다. 왜냐하면 적절한 기도나 묵상으로 제대로 경작되지 않기 때문이다. 좋은 땅에 떨어진 씨앗은 그저 뿌려만 놓아도 많은 열매를 맺는데, 그 이유는 이미 말씀의 씨앗을 받아들일 준비가 되어 있으며, 말씀을 들은 이후에는 날마다 기도함으로써 마음속에 뿌려진 씨앗을 계속해서 온전히 키워가기 때문이다.

이 모든 것은 이처럼 놀라운 비유의 결론을 특별하게 강조한다. "숨은 것이 장차 드러나지 아니할 것이 없고 감추인 것이 장차 알려지고 나타나지 않을 것이 없느니라. 그러므로 너희가 어떻게 들을까 스스로 삼가라. 누구든지 있는 자는 받겠고 없는 자는 그 있는 줄로 아는 것까지도 빼앗기리라 하시니라"(눅 8:17-18). 그러니까 우리가 어떻게 들을까 삼가기 위해서는 끊임없이 기도하는 일에 전념하는 것이 꼭 필요하다.

우리는 하나님 말씀의 기초를 이루는 것이 바로 기도이며, 하나님의 말씀이 최종적으로 성공을 거두는 것도 바로 기도에 달려 있다는 사실을 반드시 믿어야 한다. 그렇기에 이사야서에 다음과 같은 말씀이 기록된 것이다.

"이는 비와 눈이 하늘로부터 내려서 그리로 되돌아가지 아니하고 땅을 적셔서 소출이 나게 하며 싹이 나게 하여 파종하는 자에게는 종자를 주며 먹는 자에게는 양식을 줌과 같이 내 입에서 나가는 말도 이와 같이 헛되이 내게로 되돌아오지 아니하고 나의 기뻐하는 뜻을 이루며 내가 보낸 일에 형통함이니라. 너희는 기쁨으로 나아가며 평안히 인도함을 받을 것이요 산들과 언덕들이 너희 앞에서 노래를 발하고 들의 모든 나무가 손뼉을 칠 것이며 잣나무는 가시나무를 대신하여 나며 화석류는 찔레를 대신하여 날 것이라. 이것이 여호와의 기념이 되며 영영한 표징이 되어 끊어지지 아니하리라"(사 55:10-13).

시편 19편에서 다윗은 하나님의 말씀에 관해 다음과 같은 여섯 가지 영역으로 설명을 확대하고 있다. 그 말씀은 영혼을 변화시키고, 단순한 사람을 지혜롭게 만들며, 마음에 기쁨을 주고, 우리의 눈을 밝게 하며, 영원히 지속되고, 완전히 참되며 의롭다는 것이다. 하나님의 말씀은 온전하고 확실하며 올바르고 순전하다. 하나님의 말씀은 자기를 성찰하게 하며, 마음을 정화해주는 역할을 한다. 그러므로 하나님의 말씀에 담긴 깊은 영성, 인간이 타고난 내적인 본성을 찾아가도록 도와주는 말씀의 능력, 그리고 말씀의 심오한 순전함을 충분히 심사숙고한 이후에 시편 기자가 다음과 같은 말씀으로 자기주장을 마무리하는 것은 전혀 놀랄 일이 아니다.

"자기 허물을 능히 깨달을 자 누구리요. 나를 숨은 허물에서 벗어나게 하소서. 또 주의 종에게 고의로 죄를 짓지 말게 하사 그 죄가 나를 주장하지 못하게 하소서. 그리하면 내가 정직하여 큰 죄과에서 벗어나겠나이다. 나의 반석이시요 나의 구속자이신 여호와여 내 입의 말과 마음의 묵상이 주님 앞에 열납되기를 원하나이다"(시 19:12-14).

사도 야고보는 그 말씀에 담긴 깊은 영성과 그 말씀에 내재된 구원의 능력을 다음과 같은 권면을 통해 인정하고 있다.

"그러므로 모든 더러운 것과 넘치는 악을 내버리고 너희 영혼을 능히 구원할 바 마음에 심어진 말씀을 온유함으로 받으라. 너희는 말씀을 행하는 자가 되고 듣기만 하여 자신을 속이는 자가 되지 말라. …하나님 아버지 앞에서 정결하고 더러움이 없는 경건은 곧 고아와 과부를 그 환난 중에 돌보고 또 자기를 지켜 세속에 물들지 아니하는 그것이니라"(약 1:21-22,27).

그리고 사도 베드로도 하나님의 말씀에 담긴 구원의 능력을 묘사하면서 이와 같은 맥락에서 이야기하고 있다.

"너희가 거듭난 것은 썩어질 씨로 된 것이 아니요 썩지 아니할 씨로 된 것이니 살아 있고 항상 있는 하나님의 말씀으로 되었느니

라. 그러므로 모든 육체는 풀과 같고 그 모든 영광은 풀의 꽃과 같으니 풀은 마르고 꽃은 떨어지되 오직 주의 말씀은 세세토록 있도다 하였으니 너희에게 전한 복음이 곧 이 말씀이니라"(벧전 1:23-25).

베드로는 썩지 않는 하나님의 말씀으로 거듭나는 것을 이야기하고 있을 뿐만 아니라 우리가 은혜 안에 자라기 위해서는 갓난아기처럼 '말씀의 신령한 젖'을 사모하거나 먹어야 한다고 알려주고 있다. "갓난아기들같이 순전하고 신령한 젖을 사모하라. 이는 그로 말미암아 너희로 구원에 이르도록 자라게 하려 함이라"(벧전 2:2).

그러나 이것은 성경에 나오는 단순한 형태의 단어들에 어떤 구원의 능력이 내재되어 있다고 말하려는 게 아니다. 오히려 우리가 기억해야 하는 것은 하나님의 말씀이 성령으로 말미암아 영감을 받았다는 사실이다. 그리고 성경 말씀에 신적인 요소가 내재되어 있는 것과 마찬가지로 모든 진실한 말씀 선포에도 영혼을 구원하고 회심시키는 그와 같은 신적인 요소가 포함되어 있다는 사실이다.

기도는 언제나 예외 없이 하나님 말씀에 대한 사랑을 일으키고 사람들에게 그 말씀을 읽는 자리를 만들어준다. 기도는 하나님의 말씀에 순종하도록 사람들을 인도하며, 그렇게 순종하는 마음에 이루 다 말할 수 없을 만큼 커다란 기쁨을 가져다준다. 기도하는 사람들과 말씀을 읽는 사람들은 같은 부류에 속한다. 성경의 하나님과 기도의 하나님은 한 분이시다. 하나님은 성경을 통해 사람들에게 말씀하시고, 사람들은 기도를 통해 하나님께 말한다.

어떤 사람은 하나님의 뜻을 발견하려고 성경을 읽는다. 그 사람은 하나님의 뜻을 행하는 힘을 얻기 위해 기도한다. 성경 읽는 것과 기도하는 일은 하나님을 알아가면서 그분을 기쁘게 하려고 애쓰는 사람에게서 나타나는 뚜렷한 특징이다. 기도는 성경을 사랑하는 마음을 불러일으키고 사람들이 성경을 읽는 자리로 나아가게 한다. 또한 기도는 사람들에게 교회를 찾아가 성경을 배우고 싶다는 마음이 생겨나게 만든다.

교회에 다니는 것은 성경과 밀접하게 연관되어 있는데, 이것은 단지 성경이 우리에게 "모이기를 폐하는 어떤 사람들의 습관과 같이 하지 말라"(히 10:25)고 경고했기 때문이 아니다. 그보다는 하나님의 집에서 하나님께서 택하신 목회자가 죽어가는 사람들에게 그분의 말씀을 선포하고, 성경에 대해서 자세히 가르쳐주며, 그 가르친 말씀을 교인들에게 행하도록 엄중히 요구하기 때문이다.

또한 기도는 하나님의 집을 떠나지 않기 위해 계속해서 기도하는 사람에게 한 가지 결심을 싹 틔우게 한다. 곧 기도는 교회에 가야겠다는 인식, 교회를 사랑하는 마음, 교회를 지지하는 영을 잉태시킨다. 말씀 선포에 참석하는 일을 양심의 문제로 인식하는 것도 바로 기도하는 사람들이다. 말씀을 읽고 그에 관한 해석을 즐기는 것도, 자기 영향력과 수단을 모두 동원해서 이를 뒷받침하려고 노력하는 것도 바로 기도하는 사람들이다. 기도는 하나님의 말씀을 송축하고 신실하게 전심으로 주님의 이름을 부르는 사람들의 평가를 통해서 그 말씀의 탁월성을 인정하게 된다.

기도는 성경 자체에서 생명력을 끌어내며, 성경 자체의 보증 외에는 아무런 설 자리가 없다. 기도의 존재와 특성은 하나님의 거룩한 말씀을 통해 하나님이 인간에게 전해주신 계시에 의존한다. 결국 기도는 이와 같은 계시를 송축하고 사람들을 말씀으로 향하게 만든다. 기도의 본질, 필요성, 그 모든 것을 아우르는 특성이 다른 무엇보다 하나님의 말씀에 기초하고 있기 때문이다.

시편 119편은 하나님의 말씀에 대한 지침서이다. 서너 군데 예외가 있기는 하지만 구절마다 하나님의 말씀을 인정하거나 그 말씀의 정확한 위치를 찾아주는 단어를 포함하고 있다. 시편 기자는 여러 차례 이렇게 기도하면서 간구를 쏟아내고 있다. "주의 율례들을 내게 가르치소서"(시 119:12,33,64). 그러니까 하나님의 말씀에 담긴 기이한 일에 너무나 깊은 인상을 받은 나머지, 또한 그 말씀 안에 기록된 놀라운 일을 보고 깨달을 수 있도록 하신 신적인 조명하심을 너무나 깊이 느낀 나머지 시편 기자는 이렇게 뜨겁게 기도했다.

"내 눈을 열어서 주의 율법에서 놀라운 것을 보게 하소서. 나는 땅에서 나그네가 되었사오니 주의 계명들을 내게 숨기지 마소서. 주의 규례들을 항상 사모함으로 내 마음이 상하나이다"(시 119:18-20).

이처럼 놀라운 시편은 처음부터 끝까지 기도와 하나님의 말씀으로 서로 밀접하게 연관되어 있다. 이 영감을 받은 기자는 하나님의 말씀에 담긴 거의 모든 구절에서 깊은 감명을 받았다. 그래서 하나님의 말씀에 내포된 깊은 영적 능력에 철저히 사로잡힌 나머지 이렇게 선포할 수밖에 없었다.

"내가 전심으로 주를 찾았사오니 주의 계명에서 떠나지 말게 하소서. 내가 주께 범죄하지 아니하려 하여 주의 말씀을 내 마음에 두었나이다. 찬송을 받으실 주 여호와여 주의 율례들을 내게 가르치소서. 주의 입의 모든 규례들을 나의 입술로 선포하였으며 내가 모든 재물을 즐거워함같이 주의 증거들의 도를 즐거워하였나이다. 내가 주의 법도들을 작은 소리로 읊조리며 주의 길들에 주의하며 주의 율례들을 즐거워하며 주의 말씀을 잊지 아니하리이다"(시 119:10-16).

여기서 시편 기자는 죄짓지 않고 자신을 보호하는 방법을 찾아 냈다. 하나님의 말씀을 자기 마음속에 숨겨둠으로써, 그 모든 존재 가 하나님의 말씀 속으로 철저히 녹아듦으로써, 그리고 말씀의 인자 하고 자비로운 영향력 아래 완전히 들어감으로써 시편 기자는 이 땅 에서 마음껏 이리저리 오갈 수 있었다. 그리고 사탄의 공격으로부터 안전하게 자신을 지켜낼 수 있었으며, 올바른 길에서 벗어나 방황하 지 않고 용기를 얻을 수 있었다.

또한 진정으로 성경을 사랑할 수 있게 되었으며, 말씀 안에서 기 쁨을 찾는 사람들에게 자리 잡은 기도의 능력을 발견하게 되었다. 그래서 거룩한 황홀경에 빠진 다윗은 이렇게 울부짖었다.

"내가 주의 법을 어찌 그리 사랑하는지요. 내가 그것을 종일 작은 소리로 읊조리나이다. 주의 계명들이 항상 나와 함께 하므로 그 것들이 나를 원수보다 지혜롭게 하나이다. 내가 주의 증거들을 늘 읊조리므로 나의 명철함이 나의 모든 스승보다 나으며 주의 법도들을 지키므로 나의 명철함이 노인보다 나으니이다. 내가 주의 말씀을 지키려고 발을 금하여 모든 악한 길로 가지 아니하 였사오며 주께서 나를 가르치셨으므로 내가 주의 규례들에서 떠 나지 아니하였나이다. 주의 말씀의 맛이 내게 어찌 그리 단지요. 내 입에 꿀보다 더 다니이다. 주의 법도들로 말미암아 내가 명철하게 되었으므로 모든 거짓 행위를 미워하나이다. 주의 말씀은 내 발에 등이요 내 길에 빛이니이다. 주의 의로운 규례들을 지키기로 맹세하고 굳게 정하였나이다"(시 119:97-106).

과연 우리에게 하나님의 말씀에 대한 기쁨이 자리 잡고 있는가? 그렇다면 우리는 계속해서 기도에 전념해야 한다. 성경을 읽고 싶은 마음이 있는 사람이라면 감히 기도하는 일을 잊어서는 안 된다. "복 있는 사람은… 오직 여호와의 율법을 즐거워하여 그의 율법을 주야로 묵상하는도다"(시 1:1-2)라는 말을 들을 수 있는 사람은 "내가 기도하는 곳으로 나아가기를 기뻐하나이다"라고 진실하게 고백할 수 있어야 한다. 성경을 사랑하지 않는 사람은 기도하기를 그다지 좋아하지 않는다. 기도하기를 좋아하지 않는 사람은 하나님의 법을 즐거워하지 않는 자이다.

우리 주님은 기도하는 사람이셨고, 성경을 자주 인용하면서 하나님의 말씀을 강화하셨다. 예수님은 이 땅에 사시면서 줄곧 안식일을 지키셨고, 회당에 나아가 하나님의 말씀 읽는 일을 게을리하지 않으셨을 뿐만 아니라 이 모든 일에 기도를 덧붙이셨다.

"예수께서 그 자라나신 곳 나사렛에 이르사 안식일에 늘 하시던 대로 회당에 들어가사 성경을 읽으려고 서시매 선지자 이사야의

글을 드리거늘 책을 펴서 이렇게 기록된 데를 찾으시니 곧 주의 성령이 내게 임하셨으니 이는 가난한 자에게 복음을 전하게 하시려고 내게 기름을 부으시고 나를 보내사 포로 된 자에게 자유를, 눈먼 자에게 다시 보게 함을 전파하며 눌린 자를 자유롭게 하고 주의 은혜의 해를 전파하게 하려 하심이라 하였더라. 책을 덮어 그 맡은 자에게 주시고 앉으시니 회당에 있는 자들이 다 주목하여 보더라"(눅 4:16-20).

여기에서는, 성령 충만한 삶을 영위하기 위해서는 성경 읽기와 은밀한 기도보다 더 본질적인 요소가 없다는 사실을 강조하고 있다. 어떤 사람에게 영원한 평화의 길을 향해 나아가도록 세워나가는 데 있어서 은혜 안에서 자라는 것과 그리스도인의 삶에서 가장 커다란 기쁨을 얻는 것보다 더 유용한 요소가 없다는 사실을 강조하고 있다.

이처럼 굉장히 중요한 의무들을 게을리하는 것은 영혼의 메마름, 기쁨의 상실, 평화의 부재, 영의 곤고함, 영성생활에 관계된 모든 것의 퇴락을 의미하는 전조이다. 이러한 요소들을 무시하는 것은 배교로 나아가는 길을 닦는 것이며, 사악한 자에게 그냥 지나칠 리 없는 유리한 고지를 내주는 것이다. 그러나 우리가 하나님의 말씀을 규칙적으로 읽을 뿐만 아니라 지극히 높으신 분과 은밀한 곳에서 기도하는 습관을 들인다면 우리는 우리 영혼의 대적들이 감행하는 공격으로부터 절대적인 안전을 누리고, 어린 양의 압도적인 능력으로 말미암아 구원과 최후의 승리를 보장받게 될 것이다.

이 글은 기도와 성령의 사람 앤드류 머레이가 1886년에 쓴 글로써
조지 뮬러의 기도에 담긴 응답의 비밀을 아주 객관적으로 서술해 놓은 글이다.

머레이가 말하는 조지 뮬러의 응답 비밀

　　현재에서는 제대로 이해되지도 실행되지도 않는 참신한 진리를 교회에 가르쳐주고 싶어 하실 때 하나님은 말과 행동을 통하여 그 축복에 대한 살아 있는 증거가 될 수 있도록 한 사람을 세움으로써 대부분 그렇게 하신다. 그러므로 하나님은 19세기에 다른 사람들 사이에서 이 조지 뮬러를 세우셔서 하나님이 실제로 기도를 들으시는 분임을 보여주는 증인으로 삼으셨다. 나는 기도와 관련하여 하나님의 말씀에 담긴 주요한 진리들이 조지 뮬러의 삶을 비롯하여 뮬러가 자신의 기도 체험에 관하여 언급하는 이야기를 간략히 개관하는 것보다 더 효과적으로 설명하고 정립할 수 있는 다른 방법을 알지 못한다.

조지 뮬러는 1805년 9월 25일 프러시아에서 태어났으며, 지금 나이는 80세이다(이 짧은 글은 앤드류 머레이가 1886년에 쓴 글이다 – 편집자 주). 심지어 신학생으로서 할레대학교에 들어간 이후에도 초창기 시절에는 지극히 심술궂은 사람이었다. 겨우 스무 살 무렵이던 어느 날 저녁, 친구의 인도로 한 기도회에 참석하여 깊은 감동을 받은 이후로 얼마 지나지 않아 뮬러는 인격적으로 구세주를 알게 되는 축복을 누리게 되었다. 그로부터 오래지 않아 조지 뮬러는 선교사들의 보고서를 읽기 시작하였으며, 얼마 후에는 유대인들에게 기독교를 전파하기 위하여 런던선교학회에 자기 자신을 헌신하게 되었다.

처음에는 학생으로 받아들여지게 되었지만, 머지않아 그 학회의 규정에 따라 모든 것을 순복할 수 없다는 사실을 발견하게 되었다. 그 규정은 성령님의 인도하심에 대해 너무나 적은 여지와 자유를 남겨놓았기 때문이다. 그리하여 이러한 연관성은 상호 동의 아래 1830년에 끝나고 말았으며, 그 뒤 뮬러는 테인머스에서 조그만 회중을 돌보는 목회자가 되었다. 1832년에는 브리스톨로 인도를 받았으며, 고아원과 다른 사역으로 인도받았던 베데스다 채플의 목회자가 되었다. 그와 관련하여 하나님은 조지 뮬러를 너무나 놀랍게 인도하여, 하나님의 말씀을 신뢰하고 하나님이 그 말씀을 어떻게 성취하시는지를 체험하게 하셨다.

조지 뮬러의 영성생활과 관련한 몇 가지 발췌문은 기도에 관한 뮬러의 경험 중에서 우리가 특별히 인용하고 싶은 것들에 대한 길을 열어준다.

"이와 관련하여 주님은 내가 경건생활을 시작하는 바로 그 순간부터 아주 은혜롭게 나에게 영적인 것들에 대한 단순함이라는 척도와 어린아이 같은 성향이라는 기준을 허락해주셨다. 그래서 내가 지나칠 정도로 성경에 무지하여 아직도 시시때때로, 심지어 외적인 죄악으로 넘어지는 동안에도 기도하고 계시는 주님에게 아주 세세한 문제라도 여전히 가지고 나아갈 수 있었다. 그리고 '육체의 연단은 약간의 유익이 있으나 경건은 범사에 유익하니 금생과 내생에 약속이 있느니라'(딤전 4:8)는 사실을 발견하게 되었다. 비록 매우 연약하고 무지하기는 하지만, 그럼에도 여전히 하나님의 은혜로 나에게는 지금 다른 사람들에게 유익을 끼치고 싶다는 소망이 어느 정도 자리 잡고 있으며, 한때는 너무나 성실하게 사탄을 섬겼던 사람이 이제는 그리스도를 위하여 영혼을 얻기 위해 분투하고 있다."

조지 뮬러가 하나님의 말씀을 활용하는 법과 그 말씀을 더욱 명확하게 깨닫도록 하나님이 허락하신 선생으로서 성령님을 신뢰하는 법을 깨닫도록 인도함을 받은 것은 테인머스에서였다. 그 당시를 뮬러는 이렇게 기록하고 있다.

"그때 하나님은 오직 하나님의 말씀만이 영적인 문제에서 우리의 판단 기준이라는 사실을 나에게 보여주기 시작하셨다. 또한 그 말씀은 오직 성령님을 통해서만 설명될 수 있으며, 이전 시대뿐만 아니라 우리 시대에도 그건 역시 마찬가지라는 사실을 나에게 보여주셨다. 성령님은 하나님의 백성들을 가르치는 선생이셨다. 그 이전에 나는 이와 같은 성령님의 직분을 경험적으로 이해하지 못했었다.

그것은 특히 이와 같은 후자의 요점을 이해하기 위한 출발점이었으며, 나에게 커다란 영향을 끼치게 되었다. 왜냐하면 주님은 나로 하여금 각종 주석과 거의 모든 다른 책들을 옆으로 제쳐두고 단순히 하나님의 말씀만을 읽고 공부하게 하심으로써 그것을 경험으로 시험해 볼 수 있게 하셨다.

그 결과는 내가 성경 말씀에 따라 기도하고 묵상하는 일에 나 자신을 드리기 위하여 내 방문을 걸어 잠근 첫째 날 저녁에, 단 몇 시간도 지나지 않아서 이전에 여러 달에 걸쳐 했던 것보다 더 많은 것을 배우게 되었다. 그러나 특별한 차이점은 그렇게 함으로써 나는 내 영혼에 실질적인 힘을 얻었다는 점이다. 이제 내가 배우고 보았던 것들을 성경으로 시험하려 노력하기 시작하였으며, 그 시험을 이겨낸 그러한 원리들만이 참된 가치가 있다는 사실을 발견하게 되었다."

하나님의 말씀에 순종하는 것에 대하여, 세례(침례)받는 것과 관련하여 조지 뮬러는 다음과 같이 기록하고 있다.

"내가 성경에서 무엇을 발견하든지 간에 내 삶을 통해 기꺼이 실행하려는 그와 같은 상태로 내 마음을 변화시킨 것은 물론 하나님의 풍성하신 자비이기는 했지만 하나님을 기쁘시게 하였다. '나는 그분의 뜻대로 행할 것'이라고 말할 수 있었으며, 내가 믿기로 '어느 교리가 하나님께로부터 말미암은 것인지'를 알게 되었던 이유도 바로 그 때문이었다. 그런데 여기서 나는 방금 전에 넌지시 언급했던 단락이 우리의 가장 거룩한 믿음에 대한 수많은 교리와 교훈들에 관하여 나에게 가장 놀라운 언급들이었음을 관찰하게 되었던 것이다(요 7:17 참조).

예를 들면 '나는 너희에게 이르노니 악한 자를 대적하지 말라. 누구든지 네 오른편 뺨을 치거든 왼편도 돌려 대며 또 너를 고발하여 속옷을 가지고자 하는 자에게 겉옷까지도 가지게 하며 또 누구든지 너로 억지로 오 리를 가게 하거든 그 사람과 십 리를 동행하고 네게 구하는 자에게 주며 네게 꾸고자 하는 자에게 거절하지 말라. 또 네 이웃을 사랑하고 네 원수를 미워하라 하였다는 것을 너희가 들었으나 나는 너희에게 이르노니 너희 원수를 사랑하며 너희를 박해하는 자를 위하여 기도하라'(마 5:39-44). '너희 소유를 팔아 구제하여 낡아지지 아니하는 배낭을 만들라. 곧 하늘에 둔 바 다함이 없는 보물이니 거기는 도둑도 가까이 하는 일이 없고 좀도 먹는 일이 없느니라'(눅 12:33). '피차 사랑의 빛 외에는 아무에게든지 아무 빚도 지지 말라. 남을 사랑하는 자는 율법을 다 이루었느니라'(롬 13:8)는 말씀들이다.

그러나 '확실히 이러한 구절의 말씀들은 문자 그대로 취할 수는 없지 않겠는가? 왜냐하면 그렇게만 한다면 도대체 어떻게 하나님의 백성들이 세상을 뚫고 들어갈 수 있겠는가?' 라고 말할 수도 있을 것이다. 하지만 '사람이 하나님의 뜻을 행하려 하면 이 교훈이 하나님께로부터 왔는지 내가 스스로 말함인지 알리라'(요 7:17)는 말씀에서 명령하는 마음 상태는 그러한 이의 제기를 사라지게 만든다. 우리 주님의 이러한 명령들을 기꺼이 문자 그대로 실행하려는 사람들은 내기 믿기에 누구든지 나와 마찬가지로 문자 그대로 이 명령들을 받아들이는 게 하나님의 뜻임을 깨닫게 될 것이다.

흔히 이런 식으로 하나님의 명령을 취하는 사람은 틀림없이 여러 가지 어려움에 봉착하게 되는데, 그것들은 육신으로 굉장히 견디기 힘들 일이다. 그러나 이러한 상황들은 끊임없이 그 사람으로 하여금 여기 이 세상에서는 낯선 자이며 순례자요, 이 세상은 본향이 아니라고 느끼게 만든다. 그리하여 하나님에게 더 많은 것을 내던지게 한다. 왜냐하면 바로 그 하나님이 어떤 난관이라도 능히 헤쳐 나갈 수 있도록 확실히 도와주실 것이라 믿기 때문이다."

하나님의 말씀에 대한 이와 같은 절대적인 순복은 물질과 관련하여 확실한 관점과 행위로 조지 뮬러를 인도하였으며, 그것이 뮬러의 인생에 강력한 영향을 미쳤다. 그것은 우리가 돈에 관해서는 단지 하나님의 청지기일 뿐이며, 그러므로 모든 돈은 하나님과 직접적으로 교제하는 가운데 받고 나눠주어야 한다는 확신 속에 견고히 뿌리를 내리게 했다. 이것은 조지 뮬러로 하여금 다음과 같은 4가지 커다란 규칙 안에서 행하도록 인도했다.

첫째, 어떤 고정적인 사례도 받지 말자. 그런 사례를 받으려고 하다 보면 상당히 많은 경우에 하나님을 섬기는 일이 유지되도록 하기 위한 자유로운 헌금에 문제가 생길 수 있다. 그뿐만 아니라 그런 사례를 받으려고 하다 보면 살아계신 하나님 자신을 신뢰하기보다는 인간적인 수입원에 더 많이 의존하게 되는 위험성이 상존하기 때문이다.

둘째, 어떤 인간적인 도움도 요청하지 말자. 아무리 그 필요성이 크다 할지라도, 오히려 조지 뮬러는 그분의 종을 돌보며 그 종들의 기도를 듣겠다고 약속하신 하나님께 자신의 부족함을 아뢰었다.

셋째, "네 소유를 팔아 가난한 자들에게 주라"(마 19:21, 막 10:21, 눅 18:22)는 이와 같은 명령을 문자 그대로 받아들이기 위해서는 절대로 돈을 저축하지 않고, 오히려 하나님이 자신에게 맡긴 모든 물질을 그때그때 하나님의 가난한 자들과 하나님 나라의 일에 전부 쓰는 것이 올바른 순종이다.

넷째, 또한 "피차 사랑의 빚 외에는 아무에게든지 아무 빚도 지지 말라. 남을 사랑하는 자는 율법을 다 이루었느니라"(롬 13:8)는 말씀을 문자 그대로 받아들이기 위해서는 절대로 신용카드나 빚을 내 물건을 구입하는 대신, 오히려 하나님의 공급하심을 신뢰하자.

이와 같은 생활 방식이 처음에는 그리 녹록치 않았다. 그러나 뮬러는 하나님 안에서 안식하기 위하여 그분 앞으로 나아와 뒷걸음질치고 싶은 유혹을 받을 때마다 하나님과 더욱 친밀한 연합으로 나아가는 영혼이 가장 복되다는 사실을 입증했다. 왜냐하면 죄악 가운데 살아가면서 하나님과 친교를 나누며, 현재에 필요한 모든 것을 하늘로부터 가지고 내려오는 것은 그럴 법하지도 않았고 가능하지도 않앗기 때문이다.

뮐러는 브리스톨에 정착한 지 얼마 지나지 않아 국내 및 해외를 위한 성경지식연구원(The Scriptural Knowledge Institution)을 설립하여 주중학교, 주일학교, 선교사역, 성경사역 등의 사역을 했다. 이 단체의 사역 가운데에서 조지 뮐러를 가장 널리 알려지게 했던 고아원사역은 그 가지 가운데 하나가 되었다. 뮐러가 여러 학교들 가운데 한 곳에서 그리스도께로 인도되었으나 영적인 필요를 전혀 공급받지 못하고, 어쩔 수 없이 아동보호소로 보내져야 했던 어떤 고아의 경우로 말미암아 마음에 커다란 부담을 느낀 것은 1834년이었다. 그리고 고아원사역을 직접하고 있던 프랑케(Franke)를 만난 직후에 뮐러는 이렇게 기록했다(1835년 11월 20일).

"오늘 나는 이제 더 이상 고아원을 세워야겠다는 마음만 품지 않고, 일단 그 일을 착수해야겠다는 다짐을 하게 되었다. 하나님의 마음을 분별하기 위하여 그런 생각을 존중하면서 상당히 많은 기도를 쌓아오고 있었다. 하나님이여, 당신의 뜻을 밝히 드러내소서."

다시 한번 25일자 일기에서는 이렇게 기록하고 있다.

"나는 어제와 오늘에 걸쳐 고아원에 관하여 다시금 상당히 많이 기도했다. 그러면서 점점 더 그게 하나님의 뜻이라는 확신을 품게 되었다. 하나님이여, 자비를 베푸셔서 저를 인도하여 주소서. 거기에는 다음과 같은 3가지 주요한 이유가 있다. 첫째, 하나님이 영광 받으실 것이라는 점, 나에게 그러한 수단들을 제공하시면서 하나님이 기뻐하심에 틀림없는 것, 하나님을 신뢰하는 것은 쓸데없는 짓이 아니라는 사실이 분명히 드러나게 된 점, 그리하여 하나님의 자녀들의 믿음도 역시 강해질 수 있다는 점. 둘째, 아버지와 어머니가 없는 자녀들의 영적 전쟁을 위하여. 셋째, 그 아이들의 일시적인 전쟁을 위하여."

하나님을 기다리면서 몇 달 동안 기도한 뒤 35명의 아이들을 위한 공간을 갖춘 집 한 채를 임대하였다. 그 후 석 달이라는 시간이 더 흐르는 과정에서 전부 120명의 아이들을 받아들이게 되었다. 그 사역은 10년 동안 이런 식으로 계속 진행되었으며, 오직 하나님께만 고아들에게 필요한 모든 것을 공급해 달라고 요청했다. 그것은 종종 절박한 필요와 간절한 기도의 시간이기도 했지만, 금보다 더 귀한 믿음의 시험은 하나님을 찬양하고 그분께 모든 영광을 돌리도록 하였다. 하나님은 이런 뮬러를 위해 더 큰 일을 준비하고 계셨다.

하나님의 섭리와 성령으로 말미암아 조지 뮬러는 하나님으로부터 300명의 아이들을 받아들일 수 있는 집을 구하는 데 필요한 1만 5천 파운드를 확실하게 약속받을 때까지 하나님을 바라면서 기다리도록 인도하심을 받았다. 이 첫 번째 집을 1849년에 열었다. 1858년에는 950명 이상의 고아들을 위하여 3만 5천 파운드의 비용을 들여서 두 번째, 세 번째 집을 열었다. 그리고 1869년과 1870년에는 850명의 고아들을 위하여 네 번째와 다섯 번째 집을 열었는데, 이번에는 5만 파운드의 비용이 들었다. 그리하여 총 2,100명의 고아들을 받아들일 수 있게 되었다.

이 사역과 더불어 하나님은 조지 뮬러에게 고아원 건축, 고아들을 돌보는 일, 또 다른 사역, 각종 학교와 선교단체 후원, 성경과 전도용 소책자 발행과 배포와 같은 아주 많은 일을 주셨다. 이 모든 일을 통하여 조지 뮬러는 50년 동안 하나님의 일을 할 수 있도록 하나님으로부터 영국 돈으로 1백만 파운드 이상을 받았다. 조지 뮬러가 하나님의 말씀과 성령의 인도하심에 순종하여 1년에 겨우 35파운드라는 조그만 사례비를 포기했을 때 하나님이 그런 순종과 믿음에 대한 보상으로 뮬러에게 허락하기 위하여 준비해 놓으셨던 것을 주의 깊게 주목해보라. 아마 뮬러는 꿈에도 상상하지 못한 선물들이었을 것이다. 이 얼마나 놀랍도록 하나님의 말씀이 조지 뮬러에게 성취되었단 말인가! "그 주인이 이르되 잘하였도다. 착하고 충성된 종아 네가 적은 일에 충성하였으매 내가 많은 것을 네게 맡기리니 네 주인의 즐거움에 참여할지어다"(마 25:23).

그런데 이러한 일들은 우리에게 본보기를 보여주기 위하여 일어
났다. 하나님은 우리도 역시 조지 뮬러의 본보기를 따르는 자들이
되라고 부르고 계신다. 비록 조지 뮬러는 그리스도의 본보기를 따랐
을지라도 말이다. 뮬러의 하나님은 역시 우리의 하나님이기도 하며,
그와 동일한 약속은 우리에게도 역시 허락하신 것이다. 조지 뮬러가
수고한 그와 같은 사랑과 믿음의 섬김은 모든 측면에서도 우리를 위
한 부르심이기도 하다.

그리스도의 기도학교에서 우리가 배운 교훈들과 관련하여 하나
님이 기도의 사람인 조지 뮬러에게 그토록 놀라운 능력을 베푸신 방
식을 한 번 찬찬히 공부해보라. 우리가 하나님의 말씀 안에서 복되
신 주님과 함께 지금까지 쭉 공부해 온 몇몇 교훈들의 가장 놀랍고
구체적인 설명이 그 안에 들어 있음을 발견하게 될 것이다.

우리는 우리를 향하신 주님의 가장 큰 교훈에 특별한 인상을 받
게 되는데, 만약 우리가 하나님의 뜻을 따라서, 하나님의 말씀을 통
하여, 성령으로 말미암아 우리에게 알려주신 대로 명확한 기도 제목
을 가지고 하나님이 지시하시는 방식으로 그분께 나아간다면 우리
는 무엇이든지 구하는 대로 이루어질 것이라는 매우 커다란 확신을
가질 수 있을 것이다.

영원한 하나님의 말씀을 의지하라

하나님이 우리의 기도에 응답하시는 것은 우리가 하나님의 음성을 얼마나 경청하느냐에 따라 달려 있다는 사실을 지금까지 여러 차례 주목해 왔다. 우리는 특별한 기도 제목을 가지고 간구하러 나아갈 때 특별한 약속의 말씀을 붙잡아야 한다. 그뿐만 아니라 우리의 모든 삶이 그 말씀의 주권 아래 머물러 있어야 한다. 그 말씀이 우리 안에 내주해 있어야 한다. 바로 이 점에 관한 조지 뮬러의 간증은 매우 교훈적이다. 조지 뮬러는 하나님의 말씀과 그에 관한 성령의 가르침이 차지해야 할 진정한 자리를 발견함으로써 영성 생활에서 어떻게 새로운 시대를 시작하게 되었는지를 우리에게 말해준다. 그에 관하여 조지 뮬러는 이렇게 기록하고 있다.

"이제 성경적인 방식의 추론은 이런 식으로 전개되어야 한다. 하나님 자신이 창시자가 되기 위하여 이 땅에 내려오셨으며, 성령이 그분의 종들을 도구로 사용하여 기록할 수밖에 없었던 그 소중한 책에 대하여 나는 무지하지만, 거기에는 내가 알아야 하는 것과 나를 참된 행복으로 인도하는 지식이 포함되어 있다. 그러므로 나는 이처럼 가장 소중한 책을, 이 책 중의 책을, 아주 간절한 마음으로, 기도하는 마음으로 깊이 묵상하면서 읽고 또 읽어야 한다. 그리고 이와 같은 훈련을 통하여 내 삶을 하루 종일 꾸려가야 한다. 왜냐하면 그 책을 단지 조금밖에 읽지 않았기에 그 책에 관하여 거의 아무것도 모른다는 사실을 깨달았기 때문이다. 그러나 그 책을 더 많이 공부하기 위하여 하나님의 말씀에 관한 무지로 말미암아 인도함을 받아서 이런 식으로 반응하는 대신에, 내가 성경을 이해하면서 겪는 어려움과 그 책에서 별다른 기쁨을 누리지 못하는 것은 나로 하여금 성경책을 읽는 일에도 그다지 많은 주의를 기울이지 못하게 만들었다. 왜냐하면 굉장히 많이 기도하는 마음으로 하나님의 말씀을 읽는 것은 단지 더 많은 지식을 제공할 뿐만 아니라 그 책을 읽으면서 얻는 기쁨을 키워주기 때문이다.

그러므로 다른 많은 성도와 마찬가지로 나는 실제로 경건생활을 시작한 지 처음 4년 동안에는 살아계신 하나님의 여러 가지 신탁에 영감받지 않은 사람들의 작품을 더 좋아했다. 그와 같은 실패는 지식과 은혜 두 영역 모두에서 나를 어린아이로 남아 있게 하였다. 이를테면 지식에서도 모든 참된 지식에 관하여 성령님을 통해 하나님의 말씀에서 유래를 찾아야 했다. 그런데 내가 그 말씀을 무시했을 때 거의 4년 동안 굉장히 무식해져서, 심지어 우리의 거룩한 믿음에 관한 아주 기본적인 요점들조차도 분명히 파악할 수 없었다."

"그런데 가장 슬픈 일은 이와 같은 지식의 부족은 꾸준히 하나님의 길을 걸어가지 못하도록 뒤처지게 만들었다는 사실이다. 왜냐하면 내가 1829년 8월에 사실상 성경으로 다시 돌아오자 주님은 매우 기뻐하셨으며, 그로 말미암아 내 삶과 품행이 굉장히 달라졌다. 또한 비록 그때 이후로 내가 마땅히 서 있어야 하는 모습에는 상당히 많이 못 미치기는 했지만 하나님의 은혜로 나는 이전보다 훨씬 더 많이 하나님과 가까운 곳에서 살아갈 수 있게 되었다. 만약 어떤 성도들이 실제로 거룩한 성경책보다 다른 책들을 더 좋아하며, 하나님의 말씀보다 훨씬 더 많이 사람들의 작품을 읽는다면 그 사람들은 나의 실패를 통해 경고를 받을 수 있을지도 모르겠다."

"이 주제를 떠나기 전에 나는 한마디를 덧붙이고 싶다. 만약 어떤 독자가 하나님의 말씀에 대해 아주 조금밖에 이해하지 못하는 경우라면 그 사람은 성경책을 상당히 많이 읽어야 할 것이다. 왜냐하면 성령님이 말씀으로 말씀을 설명하실 것이기 때문이다. 그런데 만약 그 사람이 조금씩 성경 말씀을 읽는 것을 즐거워한다면 성경을 자주 읽으면서 그로 말미암아 기쁨을 찾을 수 있기 때문에 그는 점점 더 많이 성경을 읽고 싶어 하게 될 것이다. 다른 무엇보다 그 사람은 오직 하나님만이 성령을 통하여 자신을 가르칠 수 있다는 사실을 자기 자신의 마음속에서 확정하려고 애써야 하며, 그러므로 하나님께 축복을 달라고 기도할 때 그 사람은 성경을 읽기 전부터, 또한 성경을 읽는 동안에도 하나님의 축복을 구하게 될 것이다."

"더구나 비록 성령님이 가장 좋고 충분한 선생님이기는 하지만, 그럼에도 이 선생님은 언제나 우리가 원할 때마다 즉각적으로 가르쳐주지는 않으신다는 사실을 자기 마음속으로 확정해야 했을 것이다. 그러므로 우리는 어떤 특정한 단락에 대하여 자꾸만 반복해서 그분께 여쭈어봐야 할 수도 있다. 그래야 성령님은 우리에게 명확하게 가르쳐주실 것이다. 만약 우리가 정말로 기도하는 마음으로, 참을성 있게, 하나님의 영광을 바라보면서 빛을 찾기만 한다면 말이다."

우리는 조지 뮬러가 일기를 통해 자신의 영성생활을 살찌우기 위하여 하나님의 말씀을 붙들고 기도하느라 두세 시간씩 보내게 되었다는 언급을 자주 발견하게 된다. 이와 같은 기도생활의 열매로써 뮬러는 기도 가운데 힘과 격려가 필요할 때는 하나님 아버지의 살아 있는 음성으로 들었던 살아 있는 말씀들을 들었으며, 이제 그로 말미암아 뮬러는 살아 있는 신앙을 가지고 하나님 아버지께로 나아올 수 있게 되었다.

오롯이 하나님의 뜻을 분별하라

어린 성도들이 겪는 가장 큰 어려움 가운데 하나는 자신이 원하는 게 하나님의 뜻에 따른 것인지 아닌지의 여부를 도대체 어떻게 알 수 있는가 하는 것이다. 나는 그것이 하나님이 조지 뮬러의 경험을 통하여 가르치시기 원하는 가장 소중한 교훈들 가운데 하나라고 생각한다. 하나님이 말씀에서 직접적으로 언급하시지 않은 것들 중에서 기꺼이 우리에게 알려주시길 원하는 교훈이라고 생각한다. 그것이 바로 우리를 향한 하나님의 뜻이며 우리가 얼마든지 구할 수 있는 것이다.

성령의 가르침은 말씀을 배제하거나 상충되지 않으며, 오히려 그 말씀을 뛰어넘어 초월하는 것이다. 그리고 그 말씀에 더하는 것이며, 그것이 없이는 우리가 하나님의 뜻을 알 수 없기에 모든 성도가 물려받아야 할 유산이다. 성령이 우리의 특별한 필요에 일반적인 원칙이나 약속들을 적용함으로써 가르치시는 것은 오직 말씀을 통해서이다. 실제로 우리가 가는 길에 말씀을 빛으로 만들 수 있는 분은 오직 성령뿐이시다. 그것이 우리가 일상에서 의무적으로 걸어가야 하는 길이든, 아니면 믿음으로 하나님께 가까이 나아가야 하는 길이든 상관없이 말이다. 그러므로 우리는 그분의 종에게 너무나 확실하고 명확하게 알려주시는 하나님의 뜻을 발견하기 위하여 어린아이 같은 단순함과 온순함으로 나아가야 한다.

하나님의 뜻이라는 확신 속에서 첫 번째 고아원을 건축하는 것과 관련하여 조지 뮬러는 1850년 5월, 그 고아원이 문을 연 직후에 그때까지 겪었던 여러 가지 큰 어려움에 관하여 이야기했다. 하지만 그런 어려움이 자연스럽게 사라진 상태에서는 그 어려움이 얼마나 자그맣게 보일 수밖에 없었는지를 찬찬히 기록하고 있다.

"그러나 내 앞에 있는 가능성이 나를 압도하는 동안 나는 그것을 아주 자연스럽게 바라보았으며, 그것이 어떻게 귀결될 것인지에 관하여 단 한 번도 의문을 품지 않았다. 왜냐하면 나는 그 출발점에서부터 하나님을 위하여 이처럼 거대한 고아원을 건축하는 일로 나아가야 하는 것이 하나님의 뜻이라고 확신했기 때문이다. 나는 그 시작에서부터 마치 고아원이 벌써 아이들로 가득 채워진 것처럼 전체 과정을 순조롭게 마칠 수 있을 것이라 확신했다."

무엇이 하나님의 뜻이었는지를 발견하는 조지 뮬러의 방법은 특히 두 번째 고아원을 건축하는 과정에 대한 그의 언급에서 아주 명확하게 드러나 있다. 나는 독자들에게 이 이야기가 전해주는 교훈을 주의 깊게 공부하도록 요청하는 바이다.

"1850년 12월 5일. 이러한 상황들 아래서 나는 다정다감하게 자비를 베푸시는 주님께 나를 통하여 사탄이 유익을 얻는 일이 없도록 간절히 기도할 수밖에 없었다. 하나님의 은혜로 내 마음은 이렇게 말하고 있었다. '주님, 이 문제에서 제가 전진하는 게 주님의 뜻이라는 사실을 확실할 수만 있다면 저는 기쁜 마음으로 그렇게 할 수 있습니다. 그런데 다른 한편으로 만약 이것들이 헛되고 어리석고 교만한 생각이라면, 그것들이 당신으로부터 온 게 아니라 사탄의 유익을 위하는 일이라면 저는 당신의 은혜로 그것들을 싫어하면서 완전히 그만둘 것입니다.'"

"내 소망은 하나님 안에 있다. 하나님이 나를 도와주시고 가르쳐주실 것이다. 그러나 하나님이 이전에 나를 다루셨던 것들로 판단해 보았을 때 만약 하나님이 여전히 이런 식으로 훨씬 더 많이 수고하도록 나를 부르셨다면 그건 나에게 전혀 이상한 일이 아니다."

"고아원 사역을 더욱 확장하려는 생각은 최근에 재정 후원이 많이 들어왔다고 해서 품은 생각이 아니다. 왜냐하면 나는 최근에 약 7주 동안이나 하나님을 기다리고 있었기 때문이다. 그동안 조금씩, 상대적으로 아주 조금씩, 곧 이전에 들어왔던 것보다 4배 정도나 더 많은 지출이 생겨나고 있었기 때문이다. 주님이 이전에 나에게 많은 돈을 보내주시지 않았더라면 우리는 정말 커다란 곤란에 빠질 수밖에 없었을 것이다."

"주님! 이 문제에서 당신의 종이 어떻게 당신의 뜻을 알 수 있을까요? 당신은 저와 같은 종을 가르치기를 기뻐하지 않으십니까? 저에게 가르쳐주소서!"

"12월 11일. 마지막 6일 동안 앞에서 언급한 이후로 나는 줄곧 날마다 이 문제에 관하여 하나님을 기다리고 있었다. 그것은 일반적으로 온종일 내 마음속에 어느 정도 자리 잡고 있었다. 밤에 깨어 있을 때에도 그건 결코 내 생각에서 멀어지지 않았다. 그러나 이 모든 일에 별다른 흥분도 찾아오지 않았다. 나는 그 문제에 관하여 이상할 정도로 고요하고 차분한 상태를 유지할 수 있었다. 내 영혼은 이와 같은 섬김에서 전진하고 있다는 사실을 기뻐하고 있었다. 그러면서 주님이 나에게 그렇게 하도록 시키셨다는 확신을 가질 수 있었다. 그래서 이때 수없는 어려움에도 모

든 일이 잘 될 것이며 하나님의 이름이 찬양을 받으실 것이라 믿
게 되었다."

"다른 한편으로 주님은 현재 활동 범위에 대해 나로 하여금 만족
하게 하실 것이며, 내가 그 일을 더욱 확장시키는 것과 관련하여
기도해서는 안 된다고 확신하고 있었다. 그런데 하나님의 은혜
로 별다른 노력 없이도 거기에 기쁜 마음으로 순복할 수 있었다.
주님이 나를 그와 같은 마음 상태로 인도하셔서 나는 이 문제에
관하여 오직 그분만을 기쁘게 하기를 소망하고 있다. 더욱이 지
금까지 나는 이 일에 관하여, 심지어 사랑하는 아내에게까지도
아무런 언급이나 내색조차 하지 않았다. 또한 앞으로 한동안 그
렇게 할 수 있을 것 같다. 왜냐하면 나는 이 주제에 관하여 아무
런 대화도 나누지 않았고, 오직 주님만을 잠잠히 기다리는 것을
더 좋아하기 때문이다. 이런 식으로 하나님의 은혜로 말미암아
외부의 일들로부터 영향을 받지 않고, 훨씬 더 쉽게 자신을 지킬
수 있도록 하기 위해서 말이다. 이 문제에 관하여 내가 기도하면
서 느끼는 부담은 주님이 나로 하여금 아무런 실수도 저지르지
않도록 해달라는 것이었다. 주님이 그분의 뜻대로 행할 수 있도
록 나를 가르쳐 달라는 것이었다."

"12월 26일. 내가 이전 단락을 기록한 지도 벌써 15일이라는 시간이 경과했다. 그때 이후로 날마다 나는 이 문제에 관하여 계속해서 기도했다. 하나님의 도우심으로 간절한 마음이라는 멋진 수단을 활용하여 그렇게 했다. 이렇게 깨어 있는 날 동안에는 이 문제가 내 앞에 조금이라도 얼쩡거리지 않았던 시간은 거의 없었다. 그러나 조그만 흥분의 그림자도 전혀 없었다. 나는 그에 관하여 누구와도 대화를 나누지 않는다. 지금까지 나는 사랑하는 아내와도 그런 대화를 나눈 적이 한 번도 없다. 이를 위하여 나는 가만히 삼가고 있을 뿐이며, 그 문제에 대하여 오직 하나님만이 다루실 수 있다고 생각하고 있다. 어떤 외부의 영향력도 하나님이 그분의 뜻을 나에게 명확하게 보여주실 것이라는 확신을 흔들지 못한다."

"오늘 저녁 나는 특별히 하나님의 뜻을 알기 위한 중대한 시기를 맞이하고 있다. 그러나 나로 하여금 이 사업에 현혹되지 않도록 해달라고 주님께 계속해서 간구하며 부르짖는 동안, 그 문제가 어떻게 진행될 것인지에 관하여 내 마음속에 어떤 의심도 들지 않았다. 나는 오직 이 문제를 계속해서 밀고 나가야 한다는 생각밖에 다른 어떤 생각도 떠오르지 않았다. 이것이 하나님의 뜻이라면 하나님의 은혜로 몇 년이라도 기다릴 수 있을 것이다. 다른 한편으론 주님이 그렇게 하라고 명령하신다면 당장 내일이라도 그 일에 착수할 수 있을 것이다.”

“이와 같은 마음의 고요함, 이처럼 그 문제에서 나 자신의 뜻을 전혀 품지 않는 것, 이렇게 그 문제에서 오직 하늘에 계신 아버지만을 기쁘게 하기를 원하는 것, 거기에서 내 명예가 아니라 오직 하나님의 영광만을 구하는 것, 이와 같은 심령의 상태는 내가 분명히 말하건대 내 마음이 어떤 육신적인 흥분 상태 아래 있지 않으며, 오직 나로 하여금 이런 식으로 계속해서 나아갈 수 있도록 도와준다. 그렇다면 이것은 하나님의 뜻을 온전히 깨달을 수 있는 가장 완전한 확신이다.”

“나는 겨우 3백 명의 고아들에게 성경의 교훈을 전하는 대신 천 명의 고아들에게 그렇게 할 수 있기를 원한다. 하나님은 여전히 우리의 기도를 들어주시며 그 기도에 응답하시는 분임을, 그리고 지금까지 계속 그래 왔으며 앞으로도 쭉 그러실 것처럼 하나님은 지금도 살아계신 하나님임을 훨씬 더 풍성하게 드러낼 수 있기를 바란다. 이 마지막 고려사항은 내 마음속에서 가장 중요한 요점이다. 주님의 명예는 이 전체 문제에서 나에게 아주 중대한 요점이다. 그리고 단지 사정이 이러하다는 이유만으로, 만약 주님이 이 일을 전혀 진전시키지 않으심으로써 훨씬 더 많은 영광을 받으실 수 있다면 나는 그분의 은혜로 또 다른 고아원과 관련한 모든 생각을 포기하더라도 전적으로 만족할 것이다. 나는 하나님의 도우심으로 이 일에 관하여 기도하는 가운데 날마다 계속해서 하나님을 기다리는 데 더 많이 집중할 것이다. 하나님이 나로 하여금 행동하도록 감동을 주실 때까지 말이다."

"1851년 1월 2일. 일주일 전 나는 앞선 단락을 썼다. 이 주간 동안 나는 여전히 또 다른 고아원에 대한 주님의 인도하심을 구하기 위하여 날마다, 그리고 매일 한 번 이상씩 도움을 받고 있었다. 내 기도의 부담은 여전히 주님의 커다란 자비 가운데 주님이 내가 실수를 저지르지 않도록 지켜달라는 것이었다. 지난 주간 잠언 말씀을 계속 읽는 중에 다음과 같은 말씀으로 이 주제에 관하여 내 마음을 시원하게 해주셨다. '너는 마음을 다하여 여호와를 신뢰하고 네 명철을 의지하지 말라. 너는 범사에 그를 인정하라. 그리하면 네 길을 지도하시리라. 스스로 지혜롭게 여기지 말지어다. 여호와를 경외하며 악을 떠날지어다' (잠 3:5-7). 하나님의 은혜로 나는 범사에, 특히 이 일에서 주님을 인정하고 있다. 그러므로 나는 주님이 이런 부분의 섬김에 관하여 내 길을 지도하실 것이라 확신하고 있다. 내가 거기에 완전히 빠져 들든지 아니든지 상관없이 말이다. 더구나 '정직한 자의 성실은 자기를 인도' (잠 11:3)하는 것처럼 하나님의 은혜로 나는 이 일에서 올바른 길로 나아가고 있다. 내 정직한 목적은 하나님이 영광을 받으시는 것이다. 그러므로 나는 올바른 길로 인도받기를 기대하고 있다. 더 나아가 '너의 행사를 여호와께 맡기라. 그리하면 네가 경영하는 것이 이루어지리라' (잠 16:3). 나는 주님께 내 모든 행사를 맡기고 있으며, 그러므로 내가 경영하는 모든 것이 이루어지기를 기대하고 있다. 내 마음은 주님이 고아원 사역보다 훨씬 더 많은 일에서 나를 사용하기 원하신다는 확신으로 나아가고 있다. 주님, 여기 당신의 종이 있나이다. 나를 쓰시옵소서!"

나중에 두 군데나 더 추가적인 고아원, 곧 네 번째와 다섯 번째 고아원을 짓기로 결정했을 때 조지 뮬러는 다시금 이렇게 기록하고 있다.

"그 마지막 단락을 기록한 이후로 훌쩍 12일이나 지났다. 지금까지 나는 여전히 고아원 사역을 확장하는 것과 관련하여 날마다 주님을 바라며 기다릴 수 있었다. 또한 나는 이 전체 기간 동안 완벽한 평안 가운데 거하고 있었는데, 그것은 이 일을 통하여 오직 주님의 명예와 동료 직원들의 영적인 유익만을 구하려고 애

쓴 결과이다. 그러므로 별다른 노력 없이도 하나님의 은혜로 이 전체 일에 관한 모든 생각을 얼마든지 옆으로 제쳐둘 수 있었다. 만약 그렇게 하는 것이 하나님의 뜻이라고 확신할 수만 있다면 말이다."

"나는 여전히 이 문제를 전적으로 나 자신에게만 제한하고 있다. 비록 이제 그때 이후로 7주가 지나긴 했지만 내 마음은 날마다 그 문제를 곰곰이 생각하고 있다. 그런데 날마다 정기적으로 그 문제에 관하여 기도만 해오고 있기 때문에 단 한 사람도 그에 관하여 알고 있지 못하다. 그러니까 심지어 사랑하는 아내에게까지 한마디도 언급하지 않았으며, 잠잠히 오직 하나님만을 바라고 있다. 이 과정에서 그 주제에 관하여 다른 사람들이 말하는 것들에 아무런 영향을 받지 않도록 하기 위해서 말이다."

"오늘 저녁은 특별히 기도하기 위하여 따로 시간을 떼어놓고 내가 이 일에서 실수하지 않도록, 더 나아가 사탄에게 현혹당하지 않도록 주님께 간구하고 있다. 그와 동시에 나도 역시 내 마음속에 떠오르는 또 다른 고아원 건축을 반대할 만한 모든 이유와 고아원 건축을 찬성할 만한 모든 이유를 찾아보려고 노력하였다. 그리고 지금 더 명확하고 분명하게 하기 위하여 이렇게 그 이유들을 찬찬히 적어내려 가고 있는 중이다."

"그러나 이전에는 9가지나 되는 많은 이유가 나를 짓누르고 있었지만, 그게 단 하나도 없는 것처럼 나에게 아무런 영향도 미치지 못할 것이다. 그건 바로 이런 이유 때문이다. 몇 달 동안 그 문제를 곰곰이 생각해보고, 그와 관련된 모든 사항과 온갖 어려움을 세밀히 살펴본 후로 수많은 기도를 올려드린 뒤에, 마침내 평강 가운데 이와 같은 확장을 결정하기로 인도하심을 받았기 때문이다. 끊임없이 자꾸 조르는 아이는 하늘에 계신 하나님 아버지께서 어디에 현혹되거나, 심지어 실수를 저지르도록 가만히 내버려두지 않기 때문에 평안 가운데 거하면서 이와 같은 결정에 대하여 완벽하게 평화를 누리게 된다. 그러므로 이 결정은 순조롭게 진행될 수밖에 없으며, 하나님을 신뢰하기 때문에 그 사람은 결코 좌절하지 않을 것이다. 그 사람에게도 역시 수많은 엄청난 어려움이 닥칠 수 있겠지만 완전한 응답을 얻기 전에 이미 헤아릴 수 없을 정도의 기도가 하나님께 올라가 있을지도 모르는 일이다. 상당히 많은 믿음과 인내의 훈련이 요구될 수도 있지만, 결국에는 다시금 응답을 볼 수 있을 것이기에 하나님을 신뢰하는 그분의 종은 결코 실망하지 않을 것이다."

오직 하나님의 영광만을 구하라

나는 지금까지 하나님의 뜻에 따르지 않은 채로 기도함으로써 우리가 구하는 것을 응답받지 못하는 이유를 외부에서 찾으려고 애써 왔다. 하지만 성경은 우리 자신에게서 그 원인을 먼저 찾으라고 경고하고 있다. 이를테면 우리는 올바른 상태에 있지도, 올바른 영으로 구하지도 않고 있다는 것이다. 그 일이 하나님의 뜻과 완전히 일치할 수도 있지만, 간구하는 자세와 간구하는 자의 영은 그렇지 않을 수도 있다. 그러므로 우리는 응답을 받지 못하게 된다.

모든 죄악의 거대한 뿌리는 자아이자 자기를 추구하는 자세이기에, 심지어 더 많은 영적인 갈망 속에서도 이것만큼 하나님의 응답을 너무나 효과적으로 가로막는 것은 아무것도 없다. 곧 우리가 자기 자신의 쾌락이나 영광을 위하여 기도하는 것이다. 능력과 설득력 있는 기도는 하나님의 영광을 위하여 간구해야 하며, 그 사람이 하나님의 영광을 위하여 살아갈 때라야 비로소 그렇게 할 수 있다.

우리는 기도의 여정을 시작하는 순간부터 하나님께 영광을 돌리기 위하여 신중하고 체계적으로 그 사람을 인도하시는 성령님에 관한 놀라운 역사를 조지 뮬러에게서 목격하게 된다. 우리는 다음의 기록을 통해 조지 뮬러가 뭐라고 말하는지를 심사숙고하여 하나님이 우리에게 가르치기 원하시는 교훈을 배워야 한다.

"우리 시대에 하나님의 자녀들에게 특별히 필요한 것들 중에 하나가 그 사람의 믿음을 강하게 만드는 것임을 입증하는 사례들이 나에게 꾸준히 제시되어 왔다. 그러므로 나는 우리 하나님 아버지께서 지금까지 그래왔던 것과 같이 신실하신 하나님이시며, 이전만큼이나 지금도 역시 그분을 신뢰하는 모든 사람에게 아주 기꺼이 살아계신 하나님으로서 그분 자신을 충분히 입증하신다고 확신한다."

"내 영은 그 사람들의 믿음을 강화시키기 위한 도구로 사용되기를 갈망한다. 그분을 의지하는 모든 사람을 도와주기 위하여 그분 자신의 기꺼운 마음과 능력에 관해 하나님의 말씀으로부터 나오는 여러 가지 증거들을 그 사람들에게 제시할 뿐만 아니라 그분이 우리 시대에도 역시 동일하신 분이라는 여러 가지 증거들을 보여줌으로써 그렇게 하기를 원한다. 나는 하나님의 말씀만으로도 당연히 충분하다는 사실을 잘 알고 있으며, 나에게도 은혜로 말미암아 그것은 충분했다는 사실을 잘 알고 있다. 그러나 여전히 우리 형제자매들의 돕는 손길을 빌려야 한다고 생각했다."

"그러므로 나는 그리스도의 교회에 종으로 매인 몸이라고 생각하였으며, 특히 그로 말미암아 자비, 다시 말해 그분의 말씀을 통하여 하나님을 만날 수 있으며, 그 말씀을 의지할 수 있다는 점에서 더욱 그렇다. 이 일의 첫 번째 목적은 이전뿐만 아니라 지금도 역시 다음과 같다. 곧 내가 돌보고 있는 고아들이 자신들에게 필요한 모든 것을 다른 어느 누구에게도 요청하지 않은 채로 오직 기도와 믿음을 통하여 공급받고 있다는 사실로 말미암아 하나님께서 영광 받으실 수 있도록 하는 것이다. 이를 통하여 하나님은 여전히 신실하신 분이며, 여전히 우리의 기도를 듣고 계시는 분임을 드러낼 수 있을 것이다."

"나는 다시금 이 마지막 며칠 동안 고아원에 관하여 상당히 많이 기도하였으며, 자주 내 마음을 주의 깊게 살펴보았다. 그러면서 만약 고아원을 세우는 일에 나 자신을 만족시키려는 소망이 추호라도 자리 잡고 있다면 내가 그것을 발견할 수 있도록 해달라고 기도하였다. 왜냐하면 내가 오직 주님의 영광만을 바랄 때 만약 그 문제가 하나님께 속한 게 아니라면 나는 우리 형제들을 사용하셔서 내게 가르침을 주시는 하나님을 기뻐할 것이다."

"1835년에 드디어 고아원 사역을 시작했을 때 내가 가진 주요한 목적은 단순히 기도와 믿음이라는 도구를 통하여 성취할 수 있는 것들에 관한 실제적인 본보기를 제시함으로써 하나님의 영광을 드러내는 것이었다. 또한 그것은 이 일을 통하여 지금도 여전히 살아계신 하나님이라는 사실을 보여줌으로써 교회에 유익을 줄 뿐만 아니라 아무런 관심도 없는 세상에 하나님의 일에 관한 실상을 알도록 인도하기 위한 것이었다. 내 목표는 하나님께로부터 넉넉하게 존중을 받았다. 수많은 죄인이 회심하기에 이르렀으며, 내가 예상했던 것과 마찬가지로 전 세계 곳곳에 있는 하나님의 수많은 자녀가 이 일을 통하여 상당히 많은 혜택을 누리게 되었다. 그러나 이 일이 점점 더 크게 확장됨에 따라 그 축복도 점점 더 커지게 되었으며, 내가 찾아다녔던 바로 그 방식으로 그 축복이 베풀어졌다. 수많은 사람이 그 일에 주의를 기울이게 되었으며, 수많은 사람이 그 사역을 직접 목격하려고 찾아오게 되었다."

"이 모든 것은 하나님께 더욱 커다란 영광을 돌리기 위하여 이런 식으로 점점 더 수고하고 싶은 마음을 품도록 나를 인도하고 있다. 언제든지 주님을 바라보고 찬미하고 탄복하고 신뢰하고 의지할 수 있다는 사실이 바로 이 섬김의 사역에서, 그리고 특별히 이처럼 의도적인 사역 확장에서 내가 목표하는 바이다. 어떻게 아주 가난한 사람이라도 단지 하나님을 신뢰함으로써 기도를 시작할 수 있는지 보여줄 수 있다는 사실은, 그리고 이를 통하여 다른 하나님의 자녀들이 하나님을 의뢰하는 가운데 계속해서 하나님의 일을 하도록 인도받을 수 있다는 사실은, 그리고 하나님의 자녀들이 각자 자기 자신의 개인적인 위치와 환경에서 하나님을 점점 더 많이 신뢰하도록 인도받을 수 있다는 사실은 나로 하여금 이처럼 더 많은 사역 확장으로 인도받게 만들었다."

변함없이 하나님을 신뢰하라

조지 뮬러의 이야기에서 발견할 수 있는 것들에 관하여 내가 지적하고 싶은 몇 가지 다른 요점들이 있기는 하지만, 한 가지만 더 이야기하는 것으로도 충분하리라 확신한다. 그건 바로 끈질긴 기도의 비밀로써 하나님의 약속에 관한 확고하고도 흔들리지 않는 신뢰라는 교훈이다. 만약 우리가 하나님의 약속을 굳게 붙잡고서 하나님 아버지께서 우리의 기도를 들으신다고 믿는다면 우리는 조금이라도 지체하거나 믿음이 흔들리도록 가만히 내버려두어서는 안된다.

"일상적인 기도에 대한 완전한 응답은 그게 완전히 실현되는 것과는 상당히 거리가 있지만, 기도를 계속할 수 있도록 우리 주님이 허락하시는 풍성한 격려가 있었다. 그러나 앞으로 받을 것보다는 이미 임한 것들이 훨씬 더 적다고 한 번 가정해보라. 성경적인 근거 위에서 이미 결론에 도달한 이후에, 그리고 상당히 많은 기도와 자기 성찰의 시간을 보낸 이후에 나는 이 목적에 관하여 믿음과 인내를 훈련하는 데서 아무런 흔들림 없이 계속해 나가야 한다. 그러므로 일단 기도 가운데 하나님 앞으로 가져온 어떤 것이 하나님의 뜻에 따른 것이라는 사실에 만족하는 모든 하나님의 자녀는 그 축복을 받을 때까지 믿음과 기대와 끈기의 기도를 계속해야 한다."

"그러니까 나는 단 하루도 쉬지 않고 지난 10년 6개월 동안 날마다 하나님을 추구했던 바로 그 특정한 축복들을 지금도 가만히 기다리고 있다. 아직도 어떤 개인들의 회심에 관해서는 충분한 응답이 이루어지지 않았다. 비록 그 사이에 지금까지 수천 가지 기도 응답을 받기는 했지만 말이다. 또한 나는 약 10여 년 동안 각각 다른 개인들의 회심을 위하여, 6~7년 동안은 다른 사람들을 위하여, 2~3년 동안은 또 다른 사람들을 위하여 쉬지 않고 날마다 기도해 왔다. 그러나 여전히 그 사람들에 관한 응답은 이루어지지 않고 있다. 한편 그러는 사이에 다른 수많은 기도는 상당히 많이 응답되었으며, 또한 내가 기도해 왔던 많은 영혼이 회심하기도 하였다."

"내가 하나님께 구하기만 하면 즉각적으로 응답을 받았다고 생각할 수도 있는 사람들의 유익을 위하여, 또는 내가 어떤 것에 관하여 기도하면 그 응답을 확실히 얻을 것이라고 생각하는 사람들의 유익을 위하여 특별히 이 점을 강조하고자 한다. 어떤 사람이든 오직 하나님의 마음에 따라 기도할 경우에만 응답을 받으리라고 기대할 수 있다. 심지어 그럴 때라도 상당히 오랜 세월 동안 인내와 믿음을 훈련해 왔을지도 모른다. 지금까지 내가 언급해 온 문제에 관하여 나 역시도 그런 훈련을 받았으니까 말이다. 그럼에도 나는 여전히 날마다 계속해서 기도하는 가운데 너무나 확실하게 응답을 기대하고 있기에 종종 나는 하나님이 확실하게 응답을 주실 것이라는 사실에 감사해 왔다. 비록 이제 19년 동안이나 이런 식으로 믿음과 인내를 훈련해 왔을지라도 말이다. 사랑하는 그리스도인들이여, 기도에 당신 자신을 내주기 위하여 성실함으로 용기를 내라. 만약 당신이 오직 하나님의 영광만을 위하여 그런 것들을 구한다고 확실할 수 있는 경우라면 말이다."

"그러나 가장 놀라운 요점은 바로 이것이다. 곧 새로운 고아원을 준비하고 진척시키는 데 필요한 모든 수단을 위해 나는 6년 8개월 동안 기도했으며, 대개는 날마다 몇 차례씩 기도하면서 고아원사역을 확장하는 데 필요한 여러 가지 수단들을 나에게 제공해달라고 간청하였다. 1861년 봄에 진행된 계산에 따르면 거기에 대략 5만 파운드의 자금이 투입되었던 것으로 나타났는데, 그게 지금까지 내가 지원받은 총액이었다. 내 마음속에 이처럼 그 일을 확장시키도록 꿈을 꾸게 하신 주님, 그를 향한 용기와 믿음을 나에게 불어넣어주신 주님께 찬양과 영광을 올려드린다. 그리고 다른 무엇보다도 아무런 흔들림 없이 내 믿음을 지켜주신 주님께 찬양과 영광을 올려드린다."

"그 후원금 중에서 최종 금액을 받는 순간, 이처럼 거대한 액수를 향하여 나아가면서 단 한 푼의 기부금도 받지 못했을 때보다 그 전체적인 계획에 관하여 더 많이 확신했던 때는 없었다고 회고하게 되었다. 이제 나는 한 번 하나님의 마음을 배운 이후에 수백 명의 고아들을 수용하는 두 개의 고아원이 이미 내 앞에 세워졌던 것처럼 하나님이 그 목적을 달성하실 것이라고 처음부터 충분히 확신하게 되었다."

"나는 이 주제와 관련해서 어린 신자들을 위하여 여기에 간략하게 몇 가지를 언급하고자 한다. 첫째, 주님을 섬기는 일이나 당신의 일터나 당신의 가정에서 새로운 조치를 취하고자 할 때 천천히 한 걸음씩 나아가면서 모든 사항을 꼼꼼히 면밀하게 따져보고, 하나님을 경외하면서 거룩한 성경의 조명 아래 모든 것을 철저히 비춰보기 바란다. 둘째, 하나님의 마음을 확인하기 위하여 당신이 취하려고 하는 어떤 조치와 관련하여 당신 자신의 뜻은 조금도 구하지 말기 바란다. 그리하여 만약 하나님이 기뻐하면서 당신을 교훈하고자 하신다면 당신은 기꺼이 하나님의 뜻을 행하려 한다고 정직하게 고백하기 바란다. 셋째, 그러나 하나님의 뜻이 무엇인지를 파악하고, 하나님의 도우심을 구하면서 간절하고 끈질기게, 인내심을 갖고 믿으면서 그 뜻을 구할 때 당신은 하나님의 때와 방법에 따라 분명히 그것을 얻게 될 것이다."

"우리가 단지 재정적인 부분에서만 어려움을 겪을 것이라고 생각한다면 실수를 저지르게 될 것이다. 그 외에도 다른 수많은 부족한 것과 수많은 다른 어려움이 생겨나게 된다. 아무런 어려움이나 부족함 없이 어느 하루를 그냥 지나가는 것은 굉장히 드문 일이다. 오히려 날마다 매번 극복해야 할 수많은 어려움과 수많은 필요가 언제나 도사리고 있다. 이 모든 것은 우리의 우주적인 치유책인 기도와 믿음으로 해결되어야 한다. 우리 주 예수님의 이름으로 하나님께 드려지는 끈질긴 믿음의 기도는 항상 그 즉시 축복을 가져오게 된다. 내가 하나님의 영광을 위하여, 그리고 어떤 실제적인 선을 위하여 그렇게 되리라고 확신할 수만 있다면 하나님의 은혜로 어떤 축복이든 받게 되리라는 사실을 확실히 믿어 의심치 않는다."

이처럼 조지 뮬러의 기도 응답 비밀은 단순했다. 오직 하나님의 영광만을 위하여 기도했다. 5만 번 이상 기도 응답을 받았다는 조지 뮬러의 기도처럼 당신도 하나님의 영광만을 위한 단순한 기도로 응답의 축복을 누릴 수 있다.

■ 하나님이 응답하시는 기도드리기

이 책을 읽고 하나님이 응답하시는 기도를 드리기 위해서
내가 가장 먼저 버려야 할 것은 무엇이라고 생각합니까?
잠잠히 성령님의 임재를 기다리면서 신앙고백서를 적어보세요.

■ 하나님이 응답하시는 기도드리기

이 책을 읽고 하나님이 응답하시는 기도를 드리기 위해서
내가 가장 먼저 버려야 할 것은 무엇이라고 생각합니까?
잠잠히 성령님의 임재를 기다리면서 신앙고백서를 적어보세요.

....

....

....

....

....

....

....

■ 하나님이 응답하시는 기도드리기

이 책을 읽고 하나님이 응답하시는 기도를 드리기 위해서
내가 가장 먼저 버려야 할 것은 무엇이라고 생각합니까?
잠잠히 성령님의 임재를 기다리면서 신앙고백서를 적어보세요.